www.tredition.de

AF186360

Christine Fiedler

Meine bunte Gedichte Sammlung

www.tredition.de

© 2021 Christine Fiedler

Verlag und Druck:
tredition GmbH, Halenreie 40-44, 22359 Hamburg

ISBN
Paperback: 978-3-347-33819-7
Hardcover: 978-3-347-33820-3
e-Book: 978-3-347-33821-0

Vorwort

Vor vielen Jahren entdeckte ich für mich das Dichten
und mag seitdem nicht mehr darauf verzichten.
Es fing damals mit kleinen Reimen an,
für Verwandte und Bekannte dann und wann.
So wurden es an der Zahl langsam immer mehr
und eine Gedichte Sammlung musste her.
Hier sind nun viele, schöne Geburtstagsgedichte vereint,
Weihnachtsgrüße und Jahreszeiten geschickt verreimt,
die Vogelwelt in Szene gesetzt in vielen Gedichten,
auch über Urlaubserinnerungen und mehr
habe ich vieles zu berichten.
In meinen Gedichten kann ich
Gedanken und Glücksgefühle in Worte fassen
und somit Herz und Seele sprechen lassen.

Über mich als Autorin

Ich wurde 1968 in Berlin Lichtenberg geboren und wuchs dort
mit zwei älteren Geschwistern im Kreis der Familie auf.
Beruflich anders orientiert, wurde mir die Liebe zu dichten
wohl in die Wiege gelegt.
Mein Großvater mütterlicherseits war schon
ein großer Verehrer der Dichtkunst
und gab bei jeder Gelegenheit
Balladen, Reime und Anekdoten zum Besten,
nicht immer zur Freude seiner Angehörigen.

Inhalt

Seite 8-9   Dichten

Feiern

Seite 11-26   Geburtstage
Seite 27-38   Runde Geburtstage
Seite 39/40   Hochzeiten

Frühling, Sommer, Herbst und Winter

Seite 42/43   Frühling
Seite 44/45   Wandel der Jahreszeiten
Seite 46   Endlich Frühling
Seite 47   Farbenpracht
Seite 48   Frühlingserwachen / Winter ade
Seite 49   Advent
Seite 50   Rodeln
Seite 51   Weihnacht
Seite 52   Noch ein Weihnachtsgedicht
Seite 53   Weihnachten mal anders
Seite 54/55   Mein Weihnachtsfest
Seite 56   Weihnachten

Rund um die Vogelwelt

Seite 58   Der Star
Seite 59   Kranich und Mauersegler
Seite 60/51   Mauersegler 2010
Seite 62/63   Mauersegler 2018

Seite 64/65   Mein schönstes Hobby
Seite 66/67   Meine gefiederten Freunde
Seite 68/69   Traumberuf
Seite 70/71   Vogelstimmenexkursion
Seite 72/73   Vogelwinter
Seite 74/75   Winterfütterung
Seite 76/77   Nächstes Leben
78/79   Haustiere
Seite 80   Frühlingsbeginn in der Vogelwelt

Urlaubserlebnisse

Seite 82/83   Urlaubsvorbereitungen
Seite 84/85   Harz
Seite 86/87   Waren Müritz
Seite 88/89   Mit Heidi auf Tuchfühlung
Seite 90/91   Havelhöhenweg

Gemischtes

Seite 94   Lieblingsplatz
Seite 95   Klassik
Seite 96   Keine Zeit
Seite 97   Walters Brille
Seite 98/99   Fotos
Seite 100-102   Glück
Seite 103   Die Fliege
Seiten 104-107   Hobbys
Seite 108   Die Erdbeere
Seite 109   Abschied

Dichten

Hier' dreht sich alles um das Dichten,
da kann man viel drüber berichten.
Es gibt sie schon seit Menschgedenken,
zum Trost- und auch Freude schenken.
Ganz Kurze gibts und auch Balladen ellenlang,
man schaue sich nur Gedichte wie „der Zauberlehrling" an.
Es gibt sie in Reimen oder auch nicht,
das ist ja wohl auch keine Pflicht.
Ich persönlich mag Gereimtes lieber,
darum dichte ich wohl so auch immer wieder.
Es gibt Gedichte für alle Lebenslagen,
da kann sich keiner je beklagen,
für Hochzeiten und Trauerfälle,
Partys und auch Pressebälle,
für Geburtstage und Jubiläen,
alles wurde schon mit Gedichten versehen.
Als Spitzenreiter ist die Liebe zu benennen.
Sie wurde schon tausendmal verdichtet und in allen Längen.
Dichter gab und gibt es wie Sand am Meer,
von Afrika bis zum Mittelmeer.
Deutsche Dichter sind auch sehr bekannt
und das nicht nur im deutschen Land.
Fangen wir doch mal mit Goethe an,
der schon „das Heideröslein" und den "Erlkönig" ersann.
Oder Friedrich Schiller, der Poet,
für den „Ode an die Freude" steht.

Auch „das Lied von der Glocke" entsprang seiner Feder
und „die Bürgschaft", das weiß doch jeder.
Es gibt noch Kästner, Ringelnatz oder Morgenstern,
auch Fontane und Heine liest man gern.
Sie alle hatten Spaß am Dichten,
da lässt sich vieles von berichten.
Doch was macht den Reiz des Dichtens aus?
Doch nicht nur Anerkennung und eventuell Applaus.
Es ist im Grunde genommen der Spaß daran
zu dichten, weil man es gut kann.

Ich mag Gedanken und Gefühle in Reime legen
und so manches Mal ein Herz bewegen.
So ist das also mit dem Reimen und dem Dichten,
ich würde niemals drauf verzichten.

Feiern

Geburtstag

Geburtstag feiert einmal im Jahr ein jeder,
egal ob Klaus, Brigitte oder Peter.
Ob spindeldürr oder kugelrund,
Hauptsache man fühlt sich gesund.
Alle Nationen und Länder feiern ihn,
in Alaska genauso wie in Wien.
Und egal, ob als Riesenparty oder im Kerzenschein,
mit Kaviar und einem Gläschen Wein.
In diesem Sinne gratulieren wir
von Herzen nun aus Spandau Dir!

Die Jahre ziehen vorüber, Geburtstage auch,
so ist das bei uns Menschen Brauch.
Und heute kommt ein neues Lebensjahr dazu,
denn das alte Jahr verging im Nu.
Drum wollen wir herzliche Glückwünsche überbringen
und in Gedanken ein Liedchen für dich singen.
Wir wünschen dir Gesundheit und Freude im Herzen heut'
und hoffen, dass dich diese Karte erfreut.

Geburtstag

Geburtstage sind toll
und wir freuen uns wie doll,
Dir wieder gratulieren zu können nun,
was wir auch mit Freuden tun.
Für das nächste Lebensjahr wünschen wir
stets Sonne im Herzen und Gesundheit dir.
Wir werden ein Gläschen auf dich heben,
und lassen dich tausendmal hochleben.

Heute ist dein Ehrentag
und das finden wir bärenstark.
So wollen wie gerne mit dir feiern,
ohne lange rum zu eiern.
Drum haben wir uns die Zeit genommen
und sind einfach vorbeigekommen,
auf ein Kaffeekränzchen in gemütlicher Runde,
mit lieben Menschen im Bunde.

Geburtstag

Lebensjahre kommen und gehen,
viele hast du schon ziehen sehen.
Heute wird es nun einer mehr,
doch nimm es darum nicht so schwer.
Du bist noch wirklich gut in Schuss,
was man hier mal so sagen muss.
So wünschen wir zum Wiegenfeste,
dir heute nun das Allerbeste.
Gesundheit und im Herzen stets viel Sonnenschein
mögen auch weiterhin deine Begleiter sein.

Geburtstag ist ein wirklich schönes Fest,
an dem man sich ordentlich feiern lässt.
So ist es bei Dir auch mal wieder soweit.
Die Party kann steigen mit Gästen von nah und weit.
Wir wollen natürlich auch gratulieren feierlich
mit dieser wunderschönen Karte nur für Dich!
Gesundheit und Zufriedenheit seien reichlich Dir beschert,
sie haben im Leben den höchsten Stellenwert.
Aber auch Glück, Humor und Sonnenschein
mögen stets deine Begleiter sein.
Das war unser Sprüchlein aus heut'
und wir hoffen, dass es dein Herz erfreut.

Du bist im doppelten Sinne volljährig nun
und verantwortlich für all dein Handeln und Tun.
Aber das schaffst du mit Links und 40 Fieber,
bist immer gut drauf und auch ein ganz Lieber.
Du gehst deinen Weg, das wissen wir genau,
zielstrebig und ab und zu auch mal blau.
So wünschen wir zu deinem 21. Geburtstag heut,
alles was dein Herz so recht erfreut.
Drum lass dich feiern, du hast es dir verdient
und wirst heut von vorne bis hinten bedient!

Traditionen soll man pflegen,
doch nicht alle sind ein Segen.
Dichten zählt für mich eindeutig zu den Guten,
das könnte man stark vermuten.
Somit bekommst auch du wieder ein Gedicht,
ob du nun magst oder nicht!
Denn ich möchte dir Glückwünsche darbringen
und dir vor allen anderen Dingen
stets Gottes Segen und Gesundheit wünschen heut.
Dafür habe ich keine Kosten und Mühen gescheut.
So lass dich nun feiern und verwöhnen
und andere für die Zeche löhnen.
In diesem Sinne:
Herzlichen Glückwunsch
zum Geburtstag!

Geburtstag

Der Countdown läuft, man mag es kaum glauben.
Das kann einem vor Schreck den Atem rauben!
Sind wir wirklich schon so alt?
Doch stopp mal, Halt!
Ein Jahr Schonfrist haben wir noch eingebaut,
bevor uns die fünfte 0 vom Hocker haut.
Drum entspann' dich und genieß' die 49 Lenzen,
12 Monate lang, rund um die Uhr und ohne Grenzen.
Inclusive sind Gesundheit und Lebensfreude pur,
sowie stets Sonnenschein im Herzen nur.
So feiere die Gnadenfrist und lass es so richtig krachen,
beim nächsten Geburtstag gibt es nichts mehr zu lachen!

Ist dir eigentlich schon aufgefallen,
dass momentan überall Vogelstimmen erschallen?
Sie tragen ihre Lieder einzeln vor,
oder wie die Spatzen zu Dutzenden im Chor.
Die Natur erstrahlt dazu im schönsten Farbenkleid,
wie man beeindruckend sehen kann weit und breit.
Der Frühling ist eine Wohltat für Augen und Ohren
und in dieser tollen Jahreszeit wurdest du geboren!
So lassen wir heut' Dir zu Ehren ein Vogelkonzert ertönen,
um dich mit ihren Gesanges Künsten zu verwöhnen.
Herzlichen Glückwunsch zu deinem Ehrentage,
wir haben dich gern, gar keine Frage!!!

Geburtstag

Wieder ist ein Jahr vergangen,
es hatte doch gerade erst angefangen.
Folglich wirst du heut` ein Jahr älter auch,
das ist bei uns Menschen halt so ein Brauch.
Doch mach dir nichts draus, anderen geht es ebenso
und darüber ist so mancher auch nicht froh.
Doch 85 Jahre werden ist eine tolle Sache
und so gar nichts für Nervenschwache!
Nun freu` dich schon aufs nächste Jahr mit jedem neuen Tag.
Was Es wohl so alles bringen mag?
Stets viel Gesundheit, Zufriedenheit und Sonnenschein
mögen reichlich deine Begleiter sein.
Das wünschen wir von Herzen Dir
zum Geburtstag heut und hier.

Wie schnell ging doch das Jahr vorüber,
die Lebensuhr sie rennt.
Da stehst Du aber locker drüber
in jedem einzelnen Moment.
Wir wünschen dir Gesundheit pur
soweit das Auge reicht.
Auch Zufriedenheit und Glück rund um die Uhr,
dann wäre das Jahresziel erreicht.
So lass dich nun schön feiern heute,
wir denken gern an Dich,
wie viele, viele andere Leute
und stoßen auf Dich an ganz feierlich!

Geburtstag

Hurra, heut' feierst du ein besonderes Fest,
an dem Du es so richtig krachen lässt.
Worum es geht, das ist doch sonnenklar.
Du wirst mal wieder älter um ein Jahr.
Doch das soll noch nicht alles gewesen sein.
Ab heute reihst du dich in den Kreis der Volljährigen ein.
Das ist ein großer Schritt in die Erwachsenenwelt
und bald verdienst du schon dein eigenes Geld.
Du darfst mit 18 aber noch viel mehr
und benötigst auch beim Autofahren keine Aufsicht mehr.
Wir wünschen Dir bei Allem Zufriedenheit und Glück,
um jede Herausforderung zu meistern, Stück für Stück.
So gratulieren wir von Herzen nun,
was wir doch immer wieder gerne tun!

Schon ist dein Geburtstag wieder ran,
kaum zu glauben, man oh Mann.
Und das wollen wir heute mit Dir feiern,
ohne lange rumzueiern!
Was immer auf der Wunschliste für dich steht,
egal wie viel Zeit zwischendurch auch vergeht,
ist das kostbarste Gut auf Erden:
Gesundheit möge reichlich dir
beschieden sein und werden.
Davon kannst du momentan eine extra Portion vertragen,
von den Fußspitzen bis rauf über den Kragen.
Das und noch vieles mehr wünschen wir heut'
und hoffen, dass es dein Herz erfreut.

Geburtstag

Du bekommst heut' noch ein Gedicht,
ob du das nun möchtest oder nicht.
Denn dein Geburtstag ist schon wieder ran.
Wie schnell doch ein Jahr vergeht, Mann oh Mann.
So lassen wir es uns nicht nehmen
und wollen uns dafür auch nicht schämen,
dir zu gratulieren in lustiger Runde,
mit vielen Gleichgesinnten im Bunde.
Bleib stets gesund und werde 100 Jahre alt,
dann gibt es eine Party, das es nur so knallt.
Auch Zufriedenheit sei ständig dein Begleiter,
so gehts nach Höhen und Tiefen immer wieder weiter.

In diesem Sinne:
Herzlichen Glückwunsch!!!

Geburtstag

Schon wieder ist ein Jahr vorüber
und ich freue mich darüber,
denn so kann ich mal wieder meinem Hobby frönen
und Dich mit einem Geburtstagsgedicht verwöhnen.
Die 80 hast du nun zielstrebig überschritten
und bekommst bestimmt auch schon bald die 3.!
Die Knochen knacken im Takt munter vor sich hin
und die Haarpracht wird überschaubar dünn.
Doch Wehwehchen hin, Wehwehchen her,
das Lachen fällt dir bis heute nicht schwer.
Du bist im Herzen jung geblieben 80 Jahre und mehr,
deshalb mögen wir Dich wohl alle auch so sehr.
Wir wünschen Dir für das neue Lebensjahr,
stets Gottes reichsten Segen, ist doch klar.
Auch Gesundheit möge reichlich Dir bescheret sein
und weiterhin ein erfülltes Leben obendrein.
Wie stoßen auf dein Wohl heute an
und haben wie du viel Spaß daran.

Geburtstag

Jahr für Jahr wirds ein Jahr mehr,
früher mochten wir das noch sehr.
Konnten nicht früh genug erwachsen sein,
nicht mehr so winzig und klein.
Doch die Zeiten ändern sich.
Das siehst Du an den Falten im Gesicht.
Die Haare werden grau, der Rücken schmerzt
und die Zähne werden langsam ausgemerzt.
Da du jetzt gleichalt bist, kann ich es ruhig wagen,
schonungslos die Wahrheit zu sagen.
Doch Spaß beiseite, Ernst herbei,
das ist doch alles einerlei.
Du stehst in der Blüte deiner Jahre,
wie ein gut gereifter Tropfen, keine Frage!
Auch die Jugend hast du Dir erhalten,
drum pfeif auf die paar Lach-Falten.
Hoch sollst Du leben tausendmal,
und weil es so schön war, noch einmal.
Wir wünschen Dir viel Gesundheit, Sonne im Herzen
und oft Gelegenheit zum Lachen und Scherzen.

Geburtstag

Auweia, ist das Jahr schon wieder rum???
So nimm es mir jetzt bitte nicht krumm,
dich erneut mit einem Gedicht zu beglücken,
um deinen Ehrentag in ein schönes Licht zu rücken.
Nimmst das Leben mit Herz und Humor,
der besten Medizin.
Das ist so wichtig wie für den Motor das Benzin.
Bleib einfach du, so ist es richtig,
das Alter wird dann Null und nichtig.
Zumal du dich mit stolzen 86 Jahren
nicht verstecken musst,
dessen sei Dir ganz getost bewusst!
Drum herzlichen Glückwunsch
lieber Onkel Willi (Tesch),
auf „Willi" reimt sich leider nix, so ein Pech!

Geburtstag

Das Jahr ist schon wieder rum,
man mag es kaum fassen,
somit darfst du dir wieder gratulieren lassen.
Dem schließe ich mich gerne an, jetzt und hier,
mit dieser schönen Karte aus Papier.
Ich wünsche dir alles Liebe,
im Herzen stets Sonnenschein
und dass sich ein paar Wünsche erfüllen,
seien Sie noch so klein.
Und ich wünsche mir,
dass unsere Freundschaft noch lange hält,
denn Freundschaft ist mehr wert als alles Geld der Welt.
Bleib einfach so voller Energie,
Mut, Lebensfreude und Fantasie.
So jetzt gratuliere ich dir nochmals herzlich heut`
und hoffe, dass dieses Gedicht dein Herz erfreut.

Geburtstag

So, liebes Töchterlein,
brauchst auch heut` nicht traurig sein.
Mit 19 bist du noch sehr jung an Jahren,
hast auch schon so einiges im Leben erfahren,
Höhen und Tiefen kennengelernt
und dich für vieles Schöne erwärmt.
Das nächste Jahr hält Spannendes und Neues bereit,
doch alles zu gegebener Zeit!
So wünschen wir dir ein tolles, neues Lebensjahr,
Zeit für Gesundheit, Schule und Freunde alles klar?

Herzlichen Glückwunsch!

Die Schnapszahl

88 Erdenjahre sind nicht jedem gegeben.
So freue dich, du darfst Sie heute
mit deinen Lieben erleben.
Fast alle Schnapszahlen hast du schon genossen
und viele davon bestimmt feierlich begossen.
Von der 11 bis zur 77 war für dich alles dabei,
vom Haferschleim bis zur Schnapsbrennerei.
Sie haben dich durch Höhen
und Tiefen im Leben getragen.
War es mal der Magen oder anderes Unbehagen,
schien am nächsten Morgen schon wieder die Sonne
und du machtest viele Späße voller Wonne.
So erlebtest du Kindheit,
große Liebe und alles Drum und dran
und kommst heute bei durchlebten 88 Jahren an.
In 11 Jahren machst du dann die 99 voll,
dass fänden wir nun wirklich toll!
Drum wollen wir Dir heute feierlich sagen,
es ist wirklich schön, dass wir dich haben.
Drum wünschen wir Gesundheit tausendfach
und stets die rechte Kraft für jeden neuen Tag!

Lesefieber

Wie die Überschrift schon sagt,
geht es um den Büchermarkt.
Und noch genauer um das Lesen nun,
ei, da hat man viel zu tun.
Bücher gibt es ohne Ende.
Sie zieren in Buchläden Keller und Wände.
So hast du dir das Lesen auserkoren.
Dein liebstes Hobby ward geboren.
Da gibt es Stoff ein Leben lang und mehr
und die Buchregale werden auch nicht leer.
Von Krimi, Thriller bis Heimatromane,
verschlingst du alles gut und gerne.
Auch Biografien, Frauenromane und mehr,
es müssen immer neue Bücher her.
Es gibt auch solche zu Gesundheit und Co,
über gesunde Ernährung und so.
Drum lebe dein Hobby Tag für Tag weiter,
mit Freude und Spaß auf deiner Lebensleiter.

Runder Geburtstag

Endlich bist du 40 und deine Freude ist groß.
Man sieht es dir förmlich an, ganz famos.
Doch freu dich über die 40, es geht noch schlimmer,
denn schlimmer geht immer.
Mit 40 bist du noch jung und strotzt vor Energie.
Nur kleine Wehwehchen zwingen dich in die Knie.
Alles kommt und geht auch wieder, wie uns die Gezeiten
unser ganzes Leben lang begleiten.
So wünschen wir dir, wie kann es anders sein,
stets viel Gesundheit und im Herzen Sonnenschein.
Mögen sich auch große und kleine Wünsche erfüllen
und so manche Sehnsucht stillen,
wie ein 6 er in der Klassenlotterie oder so,
oder einfach dein Lieblingslied im Radio,
romantisches Essen bei Kerzenschein,
oder Disneyland Paris für Groß und Klein.
So, nun brauchst du nicht traurig sein,
lad uns einfach alle ein.
Wir schmeißen die Party, dass es nur so kracht,
bis hinein in die tiefste Nacht.

Runder Geburtstag

20 Jahre Mann, oh Mann,
die zweite 0 ist hinten dran.
So ist der Lauf des Lebens nun,
da kannst du auch nichts gegen tun.
Trag es mit Fassung heut und hier
bei 'nem gepflegten Gläschen Bier.

Zwei Nullen sind ja auch nicht schlimm
und noch wirklich ganz schön dünn.
Doch die Zahlen vor der 0 werden größer irgendwann,
verschwende da aber keinen Gedanken dran.

Du stehst heut' in der Blüte deiner Jugend Kraft
und hast schon so einiges geschafft.
So wollen wir dir nun gratulieren,
ohne uns lange zu genieren.
Bleib du selbst auf alle Fälle:
clever, sympathisch und helle.

Runder Geburtstag

Zu deinem Geburtstag gehts heut richtig rund,
denn 40 Jahre bist du jetzt, na und?
Es geht noch älter, wir sind der Beweis.
Außerdem:
Erst ab zwei Nullen hinten bist du ein Greis.
Und wenn die Knochen langsam Geräusche machen,
kannst du getrost darüber lachen,
Mit 40 geht das noch vorbei,
ist nur eine kleine Anfangsspielerei.
Haare und Zähne fallen auch nicht aus,
siehst nach wie vor jung und dynamisch aus.
Dass es noch sehr lange so bleibt, wünschen wir
lieben Kollegen von Herzen dir.
Bleib einfach du selbst, so mögen wir dich,
hast immer ein Lächeln im Gesicht!

Runder Geburtstag

Auch du kommst nicht ungeschoren davon,
denn du wirst heut` stolze 60 Lenze, Gratulation!
Und fügst dich nahtlos ein in den runden Geburtstagsreigen
deiner Kollegen, da können wir nicht tatenlos schweigen.
So das hätten wir jetzt auch geklärt
und feiern nun mit dir ganz unbeschwert.
Drum wollen wir heute besonders an dich denken
und liebevoll ein wenig beschenken.
Bleib schön gesund, das ist ganz wichtig,
dagegen ist alles andere Null und nichtig.
Auch wenn die Knochen knacken, da stehst du drüber.
Kleiner Trost: Das vergeht meist wieder.
Und die Zähne sich in Volkseigene verwandeln,
kann es sich doch nur um einen Irrtum handeln?
Wie du siehst, ist alles halb so schlimm,
wenn nicht, kriegt das die moderne Technik wieder hin.
Nun sei nicht traurig, jeder wird einmal so alt,
die 60 macht vor keinem von uns Halt.
(Es sei denn, man wird schon früher kalt).
In diesem Sinne
wollen wir keine Zeit verlieren,
um dir herzlichst zu gratulieren.

Runder Geburtstag

Jetzt hast auch du die nächste 0 herbei gelebt,
die hinten an der 5 nun klebt.
Das ist noch nicht mal deine Schuld.
Sie kam von ganz allein mit viel Geduld.
Nun ist die 50 da und du musst mit ihr leben.
Und wir können auf Dich fröhlich einen heben.
So ist des einen Leid der anderen Freud,
an deinem Ehrentage heut'.
Was kann man jemand wünschen, der so steinalt ist wie Du?
Doch wohl von allem das Beste, wenig Stress und Ruh,
eine Pumpe, die fleißig schlägt und Knochen die nicht knacken,
Karies resistente Zähne und einen gesunden Nacken,
Füße, die dich rund um den Erdball tragen,
Augen wie ein Luchs und einen alles vertragenden Magen.
Deine geheimsten Wünsche zählen auch dazu
und finden bestimmt Erfüllung im Nu.
Genug gescherzt, jetzt kommt das Gratulieren dran,
für ein halbes Jahrhundert, Mann oh Mann!
Denn du wirst nur einmal 50 Jahr'.
Das ist 'ne große Sache, wunderbar.
Drum wünschen wir, wie viele andere Leute,
alles Gute Dir heute.

Runder Geburtstag

Ein halbes Jahrhundert wirst du heute alt,
das lässt uns natürlich nicht kalt!
Denn das Schicksal trifft auch uns in ein paar Jahren,
da kann uns keiner vor bewahren.
Ab 50 gehts bergab, das ist dir doch wohl klar,
streichen kannst du schon mal das volle Haar.
Die Knochen knacken munter vor sich hin
und ein schmerzfreier Rücken ist der Hauptgewinn.
Deine Zähne zeigen langsam ihre rote Karte.
Dafür gibt es aber Brücken, Inlays und Implantate.
Machen dann noch die Augen schlapp
und Nah - und Weitsicht werden knapp,
ist das keine Laune der Natur,
sondern liegt gänzlich an deinem Alter nur.
So, die Märchenstunde ist nun rum
und wir hoffen, du nimmst es nicht krumm,
dass wir dich nach Strich und Faden
ganz schön verschaukelt haben.
Bist noch wirklich gut in Schuss,
was man hier mal so sagen muss.
Mit 'ner Figur wie aus dem Bilderbuch fürwahr,
wird das auch dem Letzten sonnenklar.
Drum wollen wir auf keinem Fall verpassen,
dich heut' 3x hochleben zu lassen.
Gesundheit und Lebensfreude seien immer treue Begleiter
auf deiner stets lebendigen Lebensleiter.
Herzlichen Glückwunsch zum 50.!!!

Runder Geburtstag

Fünfzig Jahre, oh Schreck, oh Graus,
jetzt steht die nächste Null ins Haus.
Und ein halbes Jahrhundert ist es noch dazu,
das schnell vergangen ist im Nu!
Doch der Lack ist noch lang' nicht ab,
das wissen wir genau.
Du bist noch immer 'ne starke und tolle Frau.
Stehst mitten im Leben, die Kinder sind groß
und als stolze Oma fühlst du dich doch ganz famos.
Auch wenn die Knochen manchmal fröhlich knacken
und die Zähne ab und zu Ärger machen,
nimm es mit Humor, das geht wieder vorüber
und vielleicht morgen lachst Du schon darüber.
Mit Gottes Hilfe und das fänden wir echt toll,
machst Du auch die nächsten 50 voll!
Aus diesem Grunde wollen wir Dir herzlichst gratulieren,
um dein Geschenk mit dieser Karte zu verzieren.
Bleib einfach du selbst und immer schön gesund.
Mit dir bleibt unsere Welt
auch weiterhin lebensfroh und bunt.
Drum lass dich heut' feiern bis tief in die Nacht,
oder sogar, bis morgen früh,
wenn die Sonne wieder lacht!

Runder Geburtstag

So schnell geht ein halbes Jahrhundert rum
und drum sind wir nicht dumm,
zu deinem Geburtstagsfeste zu eilen
und ein paar Stündchen bei Dir zu verweilen.
Du hast vieles erlebt in all den Jahren
und wirst so manches davon noch im Herzen bewahren.
Es war bestimmt nicht immer rosarot,
doch irgendwann kam auch alles wieder ins Lot.
Und das macht es aus - die Höhen und Tiefen,
die mit Dir bis jetzt durchs Leben liefen.
Sie machten Dich zu dem, was du jetzt bist.
Wärst Du nicht da, wir hätten was vermisst.
Drum lass dich nun feiern, wir sind alle da
und wünschen Dir ein tolles, neues Lebens Jahr!

Runder Geburtstag

Auf 90 Lebensjahre blickst du heut' zurück,
das ist wirklich schon ein starkes Stück!
Das schaffen nicht viele, kannst du uns glauben.
Diese Tatsache kann einem schon den Atem rauben.
Es gab gewiss Höhen und auch Tiefen,
die mit dir bis heut' durchs Leben liefen.
Auf einige Tiefen hättest du gern verzichtet sicherlich,
kleiner Trost:
überwogen haben bestimmt die Guten unterm Strich.
Du fragst dich heute, wo die Jahre nur geblieben sind,
Sie kamen und gingen oft viel zu geschwind.
Großes Gottvertrauen und immer viel Humor,
lebst du nun schon vielen Generationen vor.
Bleib weiter so in jedem Falle,
so kennen und lieben wir dich alle!
Jetzt wollen wir aber das Gratulieren nicht vergessen,
bevor wir zusammen Kaffee trinken und Kuchen essen.
Wir wünschen dir, dass dein Herz noch recht lang' schlägt
und Gottes Liebe dich stets durch alle Tiefen trägt.
Auch was du dir wünschst, mag in Erfüllung gehen,
die kleinen und die großen Wünsche, das wäre doch schön.
Jetzt ist aber Schluss mit dem Dichten,
sonst wird der Kaffee kalt,
Drum fasse ich mich hier eben kürzer halt.

Runder Geburtstag

Hallo ihr Lieben, wir wollen es wagen,
euch zum 60. Lebensjahr
ein Gedicht nun vorzutragen:
Ach herrje, was sind schon 60 Jahre,
das ist noch jung, gar keine Frage.
Richtig alt seid ihr erst ab zwei Nullen hinten dran.
Mit 60 fängt das Leben doch erst richtig an.
Auch wenn schon mal die Knochen knacken, einerlei,
oder der Rücken schmerzt, das geht vorbei.
Sind's die Augen, geh zu Ruhnke schnell,
dort gibt es Brillengläser mit modisch passendem Gestell.
Schon seht ihr alles wieder gestochen scharf und klar,
das ist doch wirklich wunderbar.
Und zeigen auch die Zähne euch die rote Karte,
da gibt es Brücken, Kronen und Implantate.
Doch Wehwehchen hin, Wehwehchen her,
eure Accus sind noch lang' nicht leer!
Und 60 werden ist auch gar nicht schlimm,
da kommen wir alle irgendwann mal hin.
So wollen wir zu Eurem Geburtstag
herzlichst gratulieren heute,
wie viele, viele ... andere Leute.
Wir wünschen euch Gesundheit
und Glück auf allen Wegen
und immer reichlich Gottes Segen.
Lasst euch nun feiern mit Sekt, Kaviar und Bier.
Wie stoßen für euch an im schönen Spandau hier.

Runder Geburtstag

Ich kann es noch gar nicht so recht fassen
und muss es deshalb erst mal sacken lassen.
Wirst du heute mit viel jugendlichem Schwung
wirklich schon volle 70 Jahre jung?
Na klar, die ersten Wehwehchen kommen und gehen,
Sie sind dir aber nicht anzusehen.
Auch wenn die Zähne knirschen und die Knochen knacken,
manchmal hast du's vielleicht im Nacken,
oder geben deine Gelenke ihre Gelenkigkeit auf,
sag ich Dir nur trocken: Pfeif was drauf!
Und nimm das Leben weiter mit Humor, der besten Medizin.
Sie wirkt ganz nebenwirkungsfrei vom Nordpol bis Berlin.
So will ich dir nun herzlichst gratulieren,
um mit meinem Gedicht diese Karte zu verzieren.

Runder Geburtstag

50 Jahre ach Du Schreck,
die Jugend und der Lack sind weg.
Hattest Du einst einen dunklen Schopf,
so zieren jetzt graue Haare deinen Kopf.
Oder trägst Du vielleicht schon eine Brille auf der Nase
und hast Probleme mit der Blase?
Die Knochen sind auch nicht mehr zwanzig
und werden langsam aber sicher ranzig.
So ist das mit dem Alter halt
und trotzdem wirst Du noch steinalt.
Denn bei Gedichten wird doch meistens übertrieben
und frei erfunden, je nach Belieben.
Was von all` dem wahr ist, weißt Du wohl alleine.
Wahrscheinlich nichts, oder hast Du`s in den Beinen?
Schluss jetzt mit Lästern und falschen Prognosen,
das geht doch meistens in die Hosen.
Denn schließlich wirst Du **50** heut`
und Du weißt, dass uns das freut`.
Sind wir auch meilenweit entfernt von Dir,
wollen natürlich auch gratulieren wir.
Ein halbes Jahrhundert wirst Du nur einmal im Leben.
Darauf werden wir hier in unsere Gläser erheben.

Prost!

Hochzeit

Liebes Diamantenpaar,
ist es denn jetzt wirklich wahr?
60 Jahre EHEZEIT,
Oh, wie uns das alle freut.
Viele Hochzeitstage habt ihr schon begossen
und vielleicht im Kreise der Familie genossen.
Rosenhochzeit gab es nach 10 Jahren,
da wart ihr noch jung an Jahren.
Nach 20 dann die Porzellanhochzeit,
das war sicher eine schöne Zeit.
Silber kam nach einem viertel Jahrhundert.
Dafür wurdet ihr von vielen schon bewundert.
Denn nicht jede Ehe hielt so lange,
manchen wurde bei dem Gedanken angst und bange.
Es folgte die Perlenhochzeit nach 30 Jahren
und nach 40 die Rubine, nicht mehr ganz so jung an Jahren.
Nach 50 stand die goldene Hochzeit an.
Ein halbes Jahrhundert verheiratet, Mann oh Mann.
Doch 60 Jahre Ehe sind ein Segen,
sie sind nicht jedem Paar gegeben!
Die Weisheit wuchs, die Haare wurden grau,
so lange seid ihr nun schon Mann und Frau.
Es bedarf auch nicht mehr vieler Worte in Eurem Leben,
nach so langer Zeit kann man die Gedanken des anderen lesen.
Höhen und Tiefen habt ihr überwunden
und in Gottes Segen immer Hilfe gefunden.
Genießt heute Euren gemeinsamen Ehren-Hochzeitstag,
auf das es ein ganz Besonderer werden mag.

Liebes Brautpaar

Verliebt, verlobt - verheiratet,
das ist für euch ein großer Schritt.
Drum feiert Ihr ein schönes Fest
und alle feiern fröhlich mit.
Da blieb die Frage: " Was schenken wir,
zu eurem Festtag heut` und hier".
Schnell einen Blick ins World Wide Web,
da sahen wir ihn klein, fein und nett.
Der Geldbaum, der soll's für euch sein,
da wächst das Geld am Baum, ist das nicht fein!
Doch ist es dann erst einmal ab,
dann wird die Kohle langsam knapp.
Es kann sich leider nicht vermehren,
das sollten wir euch kurz erklären.
Im Märchen gabs das alles, klar.
Ach, war das nicht wunderbar?
In diesem Sinne toi, toi, toi,
bleibt euch ein Leben lang stets treu.
Wir wünschen euch vom Besten nur das Beste
zu eurem heutigen Hochzeitsfeste.

Frühling, Sommer, Herbst und Winter

Frühling

Jede hat ihren ganz speziellen Reiz
und keine mit Schönheiten geizt.
Viele Dichter haben Sie schon mit Worten umschrieben,
ganz nach eigenem Empfinden und Belieben.
Ich reihe mich ein in diesen Reigen,
um mich damit vor der Allmacht der Natur zu verneigen.
Das neue Jahr fängt bei und eiskalt an,
denn es steht noch der Winter auf dem Plan.
Er taucht die Landschaft in ein weißes Kleid
und traumhafte Eiskristalle sieht man weit und breit.
Winterspaziergänge bringen auch den Kreislauf in Schwung
und man fühlt sich gleich viel frischer und jung.
Mit den ersten warmen Tagen kündigt sich der Frühling an,
den man nach der Winterkälte kaum erwarten kann.
Bäume und Wiesen zeigen ihr saftiges Grün
und lassen unzählige Frühlingsblumen blühen.
Sie verlieren sich in einem Rausch aus Farben,
da kann ich nie genug von haben.
Die Akustik macht das ganze perfekt und rund,
mit Millionen von Vogelstimmen lebendig bunt.
Steigen die Temperaturen weiter, ist der Sommer da,
was viele freut, denn die Urlaubszeit ist nah'.
Die Reiseziele sind schon längst ausgesucht
und wurden bereits vor langer Zeit gebucht.

Jahreszeiten

Ob Städtereise, Camping, Berge oder Meer,
so lieben wir diese Jahreszeit doch alle sehr.
Manchmal ist's vielleicht 'nen Tick zu heiß.
Da hilft nur ein kühles Blondes oder Eis.
Neigt sich die Hitzewelle dann dem Ende,
vollzieht sich die nächste Jahreszeitenwende.
Der Herbst präsentiert sich in warmen Tönen
und will uns mit seinem Naturschauspiel verwöhnen.
Denn die Bäume verlieren ihre Blütenpracht,
egal ob bei Tag oder in der Nacht.
Landschaften werden Rot, Orange, Braun eingedeckt,
was auch Lust auf stundenlange Spaziergänge weckt.
So dreht sich der Kreislauf fröhlich aufs Neue weiter,
auf der Jahreszeiten Leiter.
Es wäre noch viel Schönes mehr zu benennen,
das würde aber bei Weitem den Rahmen sprengen.

Fazit:
Jede Jahreszeit hat ihren Reiz
und keine mit Besonderheiten geizt.

Wandel der Jahreszeiten

Jede Jahreszeit hat für sich ganz besondere Seiten,
das kann man wahrlich nicht bestreiten.
Ich fang' mal mit dem Frühling an.
Er zieht uns mit frisch erwachtem Grün in seinem Bann,
das nach kalten Wintertagen langsam neu erwacht
und uns beschert eine einzigartige Blütenpracht.
Auch die Vögel melden sich zu Wort jetzt wieder
und singen fast rund um die Uhr ihre facettenreichen Lieder.
Das ist natürlich der reinste Höhr Genuss,
doch nach dem Frühling ist damit fast schon wieder Schluss.
Auf dem Frühling folgt der Sommer mit seinen Reizen,
mit denen auch so einige nicht geizen.
Denn nun beginnt die heiße Jahreszeit,
Sonne satt nur weit und breit.
Viele zieht's auf Reisen in die Welt hinaus,
denn Erholung findet man nicht wirklich zu Haus.
Deshalb ist diese Jahreszeit auch so wichtig,
denn Sommerurlaub ist gut und richtig.
Genug geschwitzt, jetzt bricht der Herbst herein
und macht uns demütig und klein.
Angesichts der herrlichen Naturgewalten
sich die Bäume farblich umgestalten.
Die Landschaft taucht in ein warmes Farbenmeer
aus Braun, Orange und Feuerrot, das lieb ich sehr.
Die Tage werden langsam kürzer nun,
so lässt es sich bei Kerzenschein gemütlich mal ruhen.

Jahreszeiten

Jetzt wird es langsam wieder kalt,
denn der Winter macht bei und Halt.
Er überzieht das Land mit Schnee und Eis
und verzaubert alles in einen Traum aus Weiß.
Mit dem Winter kommt mal wieder die Weihnachtszeit,
voller Lichterzauber und Festlichkeiten weit und breit.
In der kalten Jahreszeit beginnt auch das neue Jahr
und die guten Vorsätze sind mal wieder da!
Schon kommt das erste, zarte Grün hervor
und öffnet dem Frühling Tür und Tor.
So ist das mit den vier Jahreszeiten,
die uns ein Leben lang begleiten.
Sie kehren ständig wieder wie die Gezeiten
und können uns auf vielfältige Art Freude bereiten.

Jede Jahreszeit hat für sich ganz besondere Seiten,
das kann man wahrlich nicht bestreiten!

Was zu beweisen war!

Endlich Frühling

Wenn der Winter ein letztes Mal schleicht um das Haus
und die Sonne Ihm schon zieht die Schuhe aus,
dann wirds Frühling in der Stadt,
vom tiefsten Süden bis hinauf ins Watt.
Bäume und Wiesen schmücken sich mit sattem Grün
und Scharen von Blumen beginnen kunterbunt zu blühen.
Fallen noch Bäume und Sträucher in das Blütenfeuer ein,
wird man vor der Allmacht Gottes ehrfürchtig und klein.
In den Kaffees spielt sich jetzt vieles mehr draußen ab
und die Sitzgelegenheiten werden langsam knapp.
Denn die ersten Sonnenstrahlen will ein jeder wohl erhaschen,
beim Käffchen trinken und Torte naschen.
Nun öffnen auch die Eisdielen wieder ihre Pforten,
zum Teil mit fantastischen Kreationen und Sorten.
Da kommt man als Kunde oftmals ins Staunen
und gerät in wahre Schlemmerlaunen.
Auch akustisch ist der Frühling gut zu erkennen,
selbigen kann man auch Vogelgesang nennen.
Im Frühling beginnt die Paarungs- und Brutsaison,
dass kennen die Vögel beim Thema Lautstärke kein Pardon.
Wer am schönsten singt bekommt eine tolle Frau,
dass wissen die Vogelherren ganz genau.
So ist der Frühling ein wahrer Hörgenuss
und für jeden Vogelfreund ein Muss.
Der Frühling ist und bleibt die schönste Jahreszeit,
auf die man sich immer wieder aufs Neue freut.
Nach den kalten trüben Wintertagen,
kann man die Wärme nur allzu gut vertragen.

Farbenpracht

Bäume blühen, Blätter sprießen,
kommt, lasst den Frühling uns genießen.
In all seiner Farbenpracht
er uns entgegen lacht.
Die Wiesen sind ein Traum aus Grün,
auf denen bunte Blumen blühen.
Auch die Vogelwelt erwacht
und hat es sich zur Pflicht gemacht,
uns den Frühling nahzubringen
mit facettenreichem Singen.
Der Frühling ist an Schönheit kaum zu toppen,
da kann man vor Ehrfurcht nur frohlocken.

Frühlingserwachen

Frühling, Frühling komm und mache
dass das Blümlein erwache,
das dort in der Erde steckt
vom Schnee noch völlig zugedeckt.
Sende viele Sonnenstrahlen,
in denen Sie sich können aalen.
Hyazinthen, Tulpen und Narzissen,
nicht eine wollen wir vermissen.
Lass sie alle hell erblühen,
in Farben bunt und wunderschön.
Du kannst uns damit eine Freude machen
und bringst unsere Herzen zum Lachen.

Winter ade

1 2 3 im Sauseschritt,
komm raus, der Frühling ist zurück.
Vorbei sind Kälte, Eis und Schnee,
auf den Wiesen sprießen Blumen und Klee.
Vögel singen ihre Lieder,
Tag für Tag und immer wieder.
Das ist alles einfach nur wunderschön,
man kann die Freude förmlich sehn.
Die Natur erwacht aus dem Winterschlaf
und macht all die Menschen wach,
die den Zauber noch verstehen,
weil sie mit dem Herzen sehn.

Advent

Advent, Advent, ein Lichtlein brennt.
Erst eins, dann zwei, dann drei und vier
und wieder kommt eine Karte von uns zu dir.
Wir wünschen damit ein schönes Weihnachtsfest,
an dem es sich ruhig und beschaulich feiern lässt.
Für die Kleinen werden Träume wahr,
mit Geschenken vom Wunschzettel, wunderbar.
Rutscht auch gemütlich in das neue Jahr hinein,
mit guten Vorsätzen, wie soll es auch anders sein.
Das waren unsere Weihnachtsgrüße für dieses Mal,
wir hoffen, ihr freut Euch darüber kolossal.

Rodeln

Endlich ist der Winter da
und wir wollen rodeln, ist doch klar.
Drum holen wir die Schlitten raus
und suchen uns eine Piste aus.
Dann gehts los den Berg hinunter,
mit Jubelschreien froh und munter.
Wir rodeln, bis die Nase friert,
das ist egal, der Spaß regiert.
Ab gehts nach Hause, steifgefroren,
mit Eiszapfen auch an den Ohren.
So ist der Winter einfach toll
und mit viel Schnee echt wundervoll!!!

Weihnacht

Wie schnell doch die Zeit vergeht,
draußen ein kalter Wind schon weht.
Der Winter kommt auf leisen Sohlen,
sein Vorgänger hat sich schon davongestohlen.
Jetzt beginnt auch die Weihnachtszeit,
Lichterketten leuchten weit und breit.
Feine Gerüche liegen in der Luft
von Gänsebraten und Plätzchen Duft.
Das ist die schönste Zeit im Jahr,
ohne Zweifel, wunderbar.
Kinderaugen strahlen überall,
rund um den ganzen Erdenball.
Denn zur Weihnacht' gibts Geschenke.
Wenn ich da so an früher denke?
So wünschen wir Euch auch,
Besinnlichkeit und 'nen vollen Bauch.
Das gilt noch für den Rutsch ins neue Jahr,
nur etwas lauter, ist schon klar!

Noch ein Weihnachtsgedicht

Weiß bedeckt der Schnee die Tannen,
sie biegen sich unter seiner Last.
Der Winter hat nun angefangen
und macht ein Weilchen bei uns Rast.
Er taucht in Zuckerwatte die Landschaft ein
und alles sieht wie im Märchen aus.
Nun leuchten die Augen bei Groß und Klein,
prächtige Eiszapfen hängen am Haus.
Mit dem Winter kommt auch die schönste Zeit.
Die Advents- und Weihnachtszeit beginnt.
Alles ist festlich geschmückt, der Braten steht bereit
und über tolle Geschenke freut sich jedes Kind.
Wir wünschen nun möglichst stressfreie Weihnachtstage,
besinnliche Augenblicke bei Kerzenschein,
und einen Sack voller Geschenke, keine Frage.
So sollte es zur Weihnacht' überall sein.

Weihnachten mal anders

Schon wieder ist ein Jahr vorüber
und bei vielen gehts jetzt drunter und drüber.
Denn die Vorbereitungen laufen weit und breit,
für das schönste Fest zur Weihnachtszeit.
Vieles muss noch erledigt werden hier und da
und die Zeit wird langsam rar.
Beim Geschenke Kauf fängt der Spaß schon an,
weil man selten weiß, was man schenken kann.
Auch die Geschäfte sind jetzt rappelvoll,
das finden nur die Händler toll.
Adventkalender kaufen, Nüsse knacken,
mit den Kindern Plätzchen backen,
Weihnachtsdekoration und Karten schreiben noch dazu,
so vergeht die Zeit bis zum Heiligen Abend im Nu.
Fehlen nur noch Weihnachtsbaum und Braten,
dann kann das Fest zur Weihnacht' starten.
So rennt die Zeit, wir rennen mit
und halten kaum noch mit Ihr Schritt.
Trotzdem sind die besinnlichen Tage
der Weihnacht' wunderschön,
man kann über Weihnachtsmärkte gehen,
Feuerzangenbowle trinken im Lichterschein,
und natürlich Freude schenken Groß und Klein.

Besinnliche Weihnachten
und einen ruhigen Wechsel ins neue Jahr!

Mein Weihnachtsgedicht

Weihnachten steht wieder vor der Tür
und vor mir liegt ein leeres Blatt Papier.
Ab und an gehen auch mir die Ideen aus,
nicht immer sprudeln Gedanken aus mir raus.
So ist das mit dem Dichten halt,
da bleibt so manches Mal der Füller kalt.

Dabei freue ich mich auf Weihnachten immer
und schmücke festlich meine Zimmer.
An die Fenster kommen strahlende Lichterketten.
Das sieht wunderschön aus, da könnt ihr drauf wetten.
Im Advent zieht auch Plätzchenduft durchs Haus
und die Küche sieht wie ein Schlachtfeld aus.
Es gibt Sie in dutzenden Formen,
mal als Stern oder gedrungen,
mal mehr, mal weniger gelungen.
Doch schmecken tun Sie uns jedes Mal,
das ist wirklich kolossal.
Die Krönung ist erst unser Weihnachtsbaum,
wenn er hell erstrahlt den ganzen Raum.
Als I Tüpfelchen verziert ein festlicher Braten
den gedeckten Tisch, wir können es kaum erwarten.
Es wird gegessen, bis wir durch die Wohnung rollen,
voll mit Braten, Grünkohl, Plätzchen, Stollen …
Geschenke gibts natürlich auch
nach gutem, uraltem Brauch.

Weihnachten

So ist bei uns die schönste Zeit alle Jahre wieder,
im Radio spielen Weihnachtslieder.
Was soll ich euch nun berichten?
Ich bin nach nur zwei Stunden fertig mit dem Dichten!
Auch das leere Blatt Papier ist rappelvoll,
ist das nicht wundervoll?

Frohe Weihnachten Ihr Lieben

Weihnachten

Die Kälte kriecht langsam um das Haus.
Es sieht verdächtig nach Winter aus.
Mit ihm bricht auch die Weihnachtszeit herein,
bringt Tannenduft und Kerzenschein.
In den Fenstern erstrahlt ein Lichtermeer
aus Schwibbögen, Lichterketten und etlichem mehr.
Viele Kinder fertigen nun ihre Wunschzettel an
für das Christkind oder den Weihnachtsmann.
Die Weihnachtsmärkte öffnen wieder ihre Türen,
um uns nach allen Regeln der Kunst zu verführen.
Geruch von Glühwein und Lebkuchen hängt in der Luft.
Das ist ein ganz besonderer Duft.
Doch in der eigenen Küche riecht es auch sehr lecker.
Dort werkeln große und kleine Plätzchenbäcker.
Es wird gerollt, gestanzt und auch verziert
und natürlich verkostet, völlig ungeniert.
Jetzt fehlt nur noch der Weihnachtsbaum,
wunderschön geschmückt steht er im Raum.
Kinderaugen strahlen wie die Sterne,
am Heiligen Abend hier und überall in der Ferne.
Besinnlichkeit kehrt in den Stuben ein,
so schön kann`s nur zur Weihnacht` sein.
Noch eines fehlt und mach das Fest komplett,
die Weihnachtsgans Auguste, rund und fett.
Sie schmeckt jedes Jahr aufs Neue grandios,
mit leckerem Grünkohl und einem Kloß.
Zu schnell ist die schönste Zeit im Jahr wieder vorbei
und mit ihr all die Schlemmerei.
In ein paar Tagen beginnt das neue Jahr.
Wird es wohl besser als das letzte war?

Rund um die Vogel-Welt

Vogelwelt

Der Star

In der Vogelwelt gibt es ein besonderes Exemplar.
Die Rede ist natürlich von dem Star.
Er ist schwarz und etwa Amselgroß
und die Faszination für ihn lässt mich nicht mehr los.
Sie leben sehr gesellig im Familienverband
und ziehen futtersuchend in großen Trupps durchs Land.
Zum Jahresanfang sind sie alle wieder da,
zur Brutvorbereitung, ist doch wohl klar.
Die alten Nisthöhlen werden wieder zurückgewonnen
und potentielle Partner unter die Lupe genommen.
Da wird geflirtet und gebalzt, dass sich die Zweige biegen.
An Einfallreichtum kann ihn keiner je besiegen.
Sein Gesang ist so facettenreich und bunt,
wie es Stare gibt auf dem ganzen Erdenrund.
Voller Körpereinsatz kommt noch dazu
mit Strecken und Flügelschlagen immerzu.
Perfekt ist es, wenn viele Stare zeitgleich singen
und ihre Lieder im Chor lautmalerisch darbringen.
Im Frühling ist dieser gesangliche Erguss
dann wirklich ein besonderer Genuss!

Kranich und Mauersegler

Kraniche gelten als Vögel des Glücks heutzutage
und das stellt keiner je infrage.
Einer kann ihnen aber locker das Wasser reichen,
seine Einzigartigkeit sucht seinesgleichen.
Die Mauersegler sind es, die ich meine,
beim Dichten gemütlich im Kerzenscheine.
Von Mai bis Juli sind sie hier bei uns zu Gast.
Wer sie nicht kennt, hat wirklich was verpasst.
In nur 3 Monaten ziehen sie ihre Jungen groß,
dann geht es auch schon Richtung Afrika los.
Der Himmel ist fast einzig und allein ihr Lebensraum,
angepasster geht es wohl kaum.
Sie fliegen meist in Trupps rasant und schnell
und ihre Freudenrufe erschallen hoch und grell.
Man kann ihre Lebensenergie förmlich spüren,
wobei sie uns mit Flugshows immer wieder verführen.
Schau mal zum Himmel, da kannst du sie erkennen,
fliegende Sicheln könnte man sie auch nennen.

Das sind die Vögel des Glücks im Himmel und auf Erden,
da kann man ruhig mal neidisch werden.
Die Lebensfreude haben beide sichtbar im Blut
und das tut uns Menschen auch recht gut.

Himmelsflieger

Es war der 1. Mai 2010,
dieser Tag war einfach wunderschön.
Ich lag noch im Bett und die Sonne ging auf,
Hausrotschwanz und Meisen sangen zu Hauff.
Da hörte ich einen bekannten Ton,
waren das die Mauersegler schon?
Ich traute meinen Ohren kaum,
oder war das nur ein Traum?
Nein, sie waren wirklich da,
für den Anfang nur ein paar.
Die lange Zeit des Wartens ward vorüber
und mein Herz sprang vor Freude über.
Der Himmel hing wieder voll mit Leben,
diese Vögel sind ein Segen.
Quietschen und Kreischen lag endlich in der Luft,
wie ein lieb gewonnener Duft.
Laut oder leise ziehen sie oben ihre Kreise
auf ihre ganz einzigartige Weise.
Sie flattern und segeln den lieben, langen Tag
und genießen das Leben mit jedem Flügelschlag.
Ihnen dabei zuzuschauen, ist toll
und macht das Herz immer wieder aufs Neue voll.
Zum Schlafen steigen sie in den Himmel hoch droben,
aus der Not wurde eine Tugend, das kann man nur loben.

Vogelwelt

Sie vermitteln ein Gefühl von Freiheit und Glück
und geben es den Menschen, die es wollen, zurück.
Der Alltag weicht ein Stück weit in die Ferne,
das mag ich an ihnen so gerne.
Doch was so unbeschwert aussieht,
ist auch schwere Arbeit, wenn man Junge großzieht.
Sie meistern es mit Bravour in kürzester Zeit
und dann ist es leider auch schon wieder soweit.
Die Jungen werden schnell groß
und schon geht die Reise wieder los.
Der lange Zug nach Afrika beginnt,
das hat das Leben für sie vorbestimmt.
So lebt nun wohl, meine Himmelsflieger
und kommt nächstes Jahr alle ja wieder!!!
Ich werde auf euch warten müssen eine lange Zeit,
ich wollt, es wäre schon wieder so weit.

Mauersegler

Ein Sommer wäre ohne diese Vögel leer
und die Gedanken wohl trübe und schwer.
Stattdessen liegt Leichtigkeit in der Luft,
wie ein frischer Frühlingsduft.
Nun ist wohl klar, wovon ich hier schreibe
und mir an lauen Sommerabenden die Zeit vertreibe,
von kleinen Kobolden, die den Himmel beleben,
Mauersegler lassen mein Herz vor Freude beben.
Von meinem Balkon aus kann ich weit blicken
und gut beobachten, wie diese tollen Vögel ticken.
Ich sehe mich um und auf einmal sind sie überall,
tanzen durch die Lüfte in großer Zahl.
Noch am Ende vom Horizont drehen sie ihre Kreise,
auf unverwechselbare Mauerseglerweise.
Vom lautlosen Schweben in luftigen Höhen,
bis zu Hochgeschwindigkeitsflügen kann ich alles sehen.
Da wird geflattert und gesegelt, was das Zeug hält,
fast rund um die Uhr, der Himmel ist ihre ganze Welt.
Haken schlagen und freier Fall gehört für Sie ebenso dazu,
wie pure, kreischende Lust am Fliegen ohne Rast und Ruh`.
Ich kann die Lebensfreude der Segler greifbar spüren
und mich in stundenlangen Beobachtungen verlieren.
Einmal flogen sie auf Armeslänge rasant an mir vorbei,
ich war quasi auf Tuchfühlung hautnah dabei!

Vogelwelt

Es gibt ab und zu auch regelrechte Seglerwolken zu sehen,
die fast lautlos dem dortigen Insektenreichtum nachgehen.
Selbige schlägt willenlos nach irgendwelchen Seiten aus,
das reinste Gewimmel, es scheren auch immer welche aus.
Die Luft pulsiert und explodiert vor meinen Augen,
es ist Sommer Silvester, wenn sie sich in die Lüfte schrauben.
Der Himmel wird zur Seglerbühne ganz nach Belieben
und das Drehbuch im Sekundentakt neu geschrieben.
So gibt es massenhaft Spannung und Action pur.
Nichts für schwache Nerven, sag ich da nur.
Ist ihr Tagwerk zu Ende, steigen sie zum Schlafen
hoch in den Himmel rauf
und tauchen mit den ersten Sonnenstrahlen wieder auf.
Mich lässt die Faszination zu Lebzeiten nicht mehr los.
Diese tollen Vögel sind für mich wirklich riesengroß!

Mein schönstes Hobby

Vogelbeobachtung ist meine größte Leidenschaft.
Sie ist Freude Pur und gibt oftmals auch Kraft.
Es fing vor Jahrzehnten schon an,
der Lichtenberger Stadtpark hatte es mir angetan.
Jeden Morgen ging ich dort auf dem Weg zur Arbeit entlang
und tauchte ab in gigantischen Vogelgesang.
Ich kannte die Sänger damals im Einzelnen noch nicht,
aber das vielstimmige Konzert war jedes Mal ein Gedicht.
Bekannt waren mir schon Meise, Amsel und Star
und noch einige der unzähligen Vogelschar.
So richtig ging es dann aber 1998 in Berlin Spandau los,
denn mein Interesse war schon sehr groß.
Dort war es erst der Hausrotschwanz knirschend auf dem Dach,
ihm folgte schnell der Grünling nach,
der immer ganz oben auf der Birke saß
und bei dessen Gesang ich schon mal die Zeit vergaß.
Mittlerweile kann ich schon viele Vögel beim Namen nennen
und sie auch am Gesang erkennen.
Taschenfernglas und Bestimmungsbuch sind schnell zur Hand,
damit habe ich bis jetzt diverse Vögel erkannt.
Mit den Jahren wuchs die Anzahl der Bücher in meinem Regal,
auch Vogelzeitschriften habe ich in großer Zahl.
WP- und Vögel Magazin gibt es als Abo nach Haus`,
dort erfährt man viel Wissenswertes draus.

Vogelwelt

Es gibt noch eine tolle Sache, die ich erwähnen muss,
Vogelstimmen kennenlernen ohne Verdruss.
Das geht ganz einfach bei einer Vogelexkursion,
angeboten vom Nabu oder einer privaten Organisation.
Spaß daran macht, dass man Gleichgesinnte trifft
und ein Gedankenaustausch möglich ist.
Hobby Ornis gibt es nicht wie Sand am Meer,
deshalb freuen mich diese Treffen umso mehr.
Doch auch allein gehe ich ohne Fernglas nie aus dem Haus
und im Frühjahr muss mein Aufnahmerekorder mit raus.
Das ist eine tolle Sache, wenn man Stimmen noch nicht kennt,
so kann man sie festhalten im richtigen Moment.
Das war die Beichte einer Hobbyornithologin,
die schon auf viele Vögel geflogen.

Vogelbeobachtung ist meine größte Leidenschaft,
sie ist Freude pur und gibt oftmals auch Kraft.

Das Gedicht soll von meinen
gefiederten Freunden handeln,
denn sie können jeden Frühlingstag
in eine Höhr Genuss verwandeln.

Mach ich morgens um vier Uhr die Augen auf,
muss ich nicht lang warten drauf,
dann singt die Amsel schon
und trifft auch wirklich jeden Ton.
Doch sie ist schon nicht mehr alleine ganz.
Vom Dach gegenüber
trällert und knirscht schon der Hausrotschwanz.
Sein Gesang ist markant und unverwechselbar,
wie in der Vogelwelt kaum ein anderer.
Auf meinem Weg zur Arbeit
gehts dann erst so richtig los.
Aus kleinen Zwergen werden Opernsänger,
das ist einfach riesengroß.
Da fällt mir gleich der Zaunkönig ein,
ist er doch wirklich winzig und klein.
Doch Singen kann er Mann Oh Mann,
wie nur ein König singen kann.
Zart flötend kommt das Rotkehlchen daher.
Ich mag dieses Vögelchen wirklich sehr.
Mit leuchtender Kehle und kugelrund
macht es die Vogelwelt bunt.
Weiter geht es mit dem Kappenträger
und sehr guten Insektenjäger.

Vogelwelt

Die Rede ist von der Mönchsgrasmücke.
Sie sieht man nur mit List und Tücke.
Mit lautem, schluchzendem Gesang
macht nun auch die Nachtigall auf sich aufmerksam.
Man bleibt vor Ehrfurcht staunend stehen,
denn ihr Gesang ist einfach wunderschön.
Der Zilpzalp ist morgens auch mit am Start.
Er singt seinen eigenen Namen laut und apart.
Da wäre noch ein Vogel zu erwähnen,
dem das Fliegen liegt in den Genen.
Er ist für den Himmel geboren
und fühlt sich auf dem Boden verloren.
Der Mauersegler ist es, um den es hier geht,
der kreischen dort oben seine Kreise dreht.
Ich habe für Ihn schon eigene Gedicht geschrieben.
Man kann und muss ihn einfach nur lieben.

Das Gedicht könnte ohne Ende so weiter gehen.
Dann wirds aber zu lang, das werdet ihr doch verstehen.

Traumberuf

Was mein Traumberuf wohl wär,
das zu erraten ist nicht schwer.
Die Vogelwelt hat es mir bekanntermaßen angetan
und zieht mich magisch in ihren Bann.
Ob die Täubchen in Venedig dort,
oder an einem anderen Ort,
einfach alle Vögel Groß und Klein,
passen in mein Herz hinein!
Mit Vögeln arbeiten wäre daher mein Traum,
dabei vergäße ich vermutlich Zeit und Raum.
Dann hätte ich mein Hobby zum Beruf gemacht,
das wird bestimmt noch klappen, wäre doch gelacht.
Einen Beruf zu haben, der einem Freude bringt,
bei dem man innerlich lacht und singt,
ist wie ein 6 er in der Klassenlotterie,
beim Gedanken daran bekommt man weiche Knie.
Der absolute Traum ist ein Job im Loro Park
auf Teneriffa, das wäre einfach bärenstark.
Es gäbe dort viele fantastische Möglichkeiten
und auch für Quereinsteiger genug Gelegenheiten,
die Gefiederten dort zu hegen und zu pflegen
und dabei ihre Einzigartigkeiten zu erleben.
Die Anlage ist in ihrer Gestaltung einzigartig dort
nur leider viel zu weit von meinem Zuhause fort.
Es gibt noch einen schönen Park in unserem Land.
Er wurde kürzlich zum Weltvogelpark ernannt.
Und er kann sich wirklich sehen lassen,
man sollte ihn auf keinem Fall verpassen.

Der Artenreichtum an Vögeln ist sehr groß,
dort zu arbeiten wäre einfach grandios.
Das Nonplusultra ist ganz klar,
ein Trip ins ferne Afrika.
Und dort zu arbeiten in einer Papageienaufzuchtstation,
das ist echte Faszination.
Eine tolle Sache wären auch Vogelwarten,
optimal mit einem Fanggarten.
In der Vogelwarte werden Bestandszählungen durchgeführt
und ausführlich für Erforschungen dokumentiert.
Fanggärten dienen dem Beringen, Wiegen und Daten erfassen,
um die Vögel anschließend wieder in die Freiheit zu entlassen.
Vogelbeobachtung wird dort ganz großgeschrieben
und das entspricht komplett meinen Vorlieben.

Was mein Traumberuf wohl wär,
ist zu erraten nicht mehr schwer!

Vogelexkursion

Vogelstimmenwanderungen sind eine tolle Sache
und wirklich nichts für Nervenschwache.
Sie werden angeboten als geführte Tour(en),
im Frühjahr und Herbst fast rund um die Uhr.
Veranstaltet werden sie meist von Naturschutzvereinen
und die machen das gut, das will ich wohl meinen.
Auch Derk Ehlert, der Wildtierexperte vom Senat
hat viele, interessante Touren und sogar Reisen parat.
Man trifft sich dazu in lockerer Runde,
manchmal noch zu nachtschlafender Stunde.
Und alle kommen mit dem gleichen Ziel,
Vögel zu beobachten und zwar viel.
Man kann selbige so hören und auch sehen in aller Ruh'
und lernt ganz nebenbei stets etwas Neues dazu.
Ich war zu Tagestouren in Linum
und im Spreewald mit dabei,
ebenso bei den Bienenfressern.
Die Zeit geht meist zu schnell vorbei.
Mein Traum wäre mal 'ne Birding Tours Urlaubsreise.
Da stören mich aber noch die Endgeldpreise.
Oder mit Derk Ehlert auf Reisen zu gehen,
um von den Vogelwelten
anderer Länder mal etwas zu sehen.

Fazit:
Mein Hobby, was zu Hause fast keinen interessiert,
kann ich hier ausleben völlig ungeniert.
Es ist auch erstaunlich, wie viel Vogelfreunde es doch gibt,
meine Leidenschaft ist wohl doch nicht so unbeliebt!
Kommt man mit diesen ins Gespräch, ist es sehr schön,
die gleiche Leidenschaft auch in anderen Augen zu sehen.

Vogelwinter

Ist der Herbst vorüber, fängt die vierte Jahreszeit an,
mit Kälte, Schnee und allem Drum und Dran.
Da würde man sich am liebsten verkriechen irgendwo,
wie die Winterschläfer oder so.
Wir verbringen dann mehr Zeit im Warmen drinnen,
um der Kälte zu entrinnen.
Die Vogelwelt draußen hat es da nicht so gut.
Eisige Winter kosten viel Energie, Kraft und Mut.
Während wir unter Minusgraden fast erstarren,
die Vögel in Eis und Schnee verharren.
Doch die Natur hat sich für sie was Gutes ausgedacht
und sie mit warmen Daunenfedern zugepackt.
Man braucht sie stufenlos verstellen nur,
von Lüftung hin bis Wärme pur.
Und damit die Krallen nicht festfrieren an den Zweigen,
hat Mutter Natur noch etwas Tolles vorzuweisen.
Das Blut fließt kalt in die Krallen
und warm zum Herzen zurück,
sie frieren sie nicht fest und der Körper ist geschützt.
Das wäre alles perfekt, wenn da nicht der Hunger wär,
der das Leben macht im Winter besonders schwer.
Futter wird zur Mangelware erkoren,
wer lange nichts findet, hat schon verloren!
Da nützt die beste Daunenjacke nichts,
wenn die Kräfte schwinden,
weil sie keine Nahrung finden.

Doch Hilfe gibt es auch hier von der Natur,
Beeren und Samen füllen die Fettreserven mit Bravour.
Auch der Naturfreund sieht nicht tatenlos zu
und füttert mit Freude ohne Rast und Ruh`.
Er macht es einfach, ohne lange zu überlegen
und für die Vögel ist es ein wahrer Segen.
Zu erwähnen wären die Nächte noch,
wenn die Temperaturen fallen in ein eisiges Loch.
Das birgt für Zaunkönig und Co eine große Gefahr,
den Tod durch Erfrieren sogar.
Doch die Minis wissen sich zu helfen,
sie bilden Schlafgemeinschaften.
Dabei liegen sie ganz eng beisammen
und stecken die Köpfe in der Mitte zusammen.
Durch die Wärme, die dabei entsteht,
jeder von ihnen die frostigen Nächte überlebt.
So ist der Winter eine harte Zeit,
doch der Frühling steht schon in den Startlöchern bereit
mit Singen, Balzen und vielem mehr.
Das lieben wir (Vogelfreunde) doch alle sehr!

Winterfütterung

Draußen wird es langsam kalt
und der Herbst weicht dem Winter bald.
Für die Vogelwelt beginnt eine harte Zeit
voller Kälte, Schnee und Entbehrlichkeit.
Denn nicht alle Vögel ziehen in wärmere Regionen,
viele bleiben auch zu Hause wohnen.
So habe ich es wieder zur Pflicht gemacht
und ordentlich Futter angeschafft,
um meine gefiederten Freunde zu unterstützen
und einige so vielleicht vor dem Hungertod zu schützen.
Es ist aber auch ein wenig Eigennutz dabei,
bei all der Fütterei.
Ich kann die Vögel mit Nüssen und Co verwöhnen
und dafür kalte Tage mit schönen Beobachtungen krönen.
Als erstes findet sich meist das Amselmännchen ein,
es erkennt mich wohl schon am Schritt allein.
Blitzschnell sind auch schon Blau- und Kohlmeisen da,
die Einkorn-Taktiker wittern überall Gefahr.
Das Rotkehlchen schaut täglich mehrmals vorbei
auf der Suche nach Haferflocken Leckerei.
Ich habe auch schon einen Gartenbaumläufer entdeckt,
seine farbliche Tarnung ist nahezu perfekt.
Der Zaunkönig wäre zu erwähnen noch,
schließlich ist er ja so winzig doch.
An der Futterstelle habe ich ihn langhuschen sehen,
völlig unauffällig, als wäre nichts geschehen.
Manchmal ist der Andrang doch sehr groß,
dann ist da glatt der Teufel los.

Eichelhäher, Elster und Star sind dann meist dabei,
aber auch Kleiber, Buntspecht
oder Buchfink schauen mal vorbei.
Den Abschluss des Gedichtes bilden meine Wintergäste heut`,
weil es mich immer wieder freut,
sie erleben zu dürfen hautnah,
das ist wirklich wunderbar.
Da sei der Erlenzeisig zu nennen,
diesen kleinen Quirl sollte man unbedingt kennen.
Er ist an der Futterstelle nicht wirklich Gast,
macht viel lieber bei den Erlen rast.
Dort fällt der dann recht zahlreich ein
und hängt sich schon mal so richtig rein.
Er hat ebenfalls ein perfektes Tarnkleid an,
so dass man ihn leicht mal übersehen kann.
Von Tarnung kann bei dem zweiten Gast nicht die Rede sein,
nur dem Schöpfer fällt so viel Schönheit ein!
Die Rede ist vom Kernbeißer hier,
dem wohl prächtigsten Vogel in meinem Revier.
Schon seit ein paar Jahren kommt er im Winter hierher,
seinen Gesang herauszuhören, fällt nicht mehr schwer.
Nun ist der Winter fast vorüber
und ich freue mich nur halb darüber.
Denn die Erlenzeisige ziehen in ihr Zuhause zurück,
dafür kommen die Zugvögel wieder, Stück für Stück.
So hat auch die Winterfütterung bald ein Ende
mit der Jahreszeitenwende.

Nächstes Leben

Ich weiß, was ich in meinem nächsten Leben wär,
diese Entscheidung fiele mir gar nicht schwer.
Ich wäre ein Vogel und frei wie der Wind,
ein wahrhaft lebendiges Himmelskind!
Ohne Bürokratie, Versicherungen …
Da kann ich getrost drauf verzichten, notgedrungen.
Ich würde wie ein Mauersegler durch die Lüfte schweben
und alles aus der Vogelperspektive erleben.
Sie verbringen fast ihr ganzes Leben mit Fliegen
und haben daran hörbar größtes Vergnügen.
Ihre Lebensfreude ist mit jedem Atemzug greifbar nah,
ihr willenlos fröhliches Durcheinander wunderbar.

Ich wäre ein Vogel und frei wie der Wind,
ein wahrhaft lebendiges Himmelskind.

Ich könnte auch ein Zaunkönig sein,
mit nur 9 Zentimetern ist er wirklich winzig klein.
Doch singen kann er wie ein König bis 90 Dezibel laut,
dass es einen vor Staunen fast vom Hocker haut.
Er ist ein stolzes Vögelchen auf jedem Fall
und kann sich gut behaupten allemal.
Seine Nester sind im Dickicht tadellos versteckt,
nur selten man dann einen Zaunkönig entdeckt.

Ich wäre ein Vogel und frei wie der Wind,
ein wahrhaft lebendiges Himmelskind.

Vogelwelt

Auch ein prächtiger Adler könnte ich sein
und hätte in luftigen Höhen mein Heim.
Ließe mich von morgendlichen
Aufwinden noch höher treiben
und würde der Aussicht wegen
am liebsten immer dort bleiben.
Mit meinen Adleraugen könnte ich meilenweit sehen,
anstatt ohne Brille oftmals im Regen zu stehen.

Das ist nur ein Traum, vielleicht wird er wahr
in meinem nächsten Leben, wunderbar.

Haustiere

Wir Menschen lieben unsere Haustierer sehr,
denn ohne Sie wäre es auch ganz schön leer!
Je nach Vorliebe gibt es für jeden das passende Tier,
von der Wüstenrennmaus bis hin zum Stier.
Hund und Katze sind die beliebtesten von allen,
fast ein jeder findet an ihnen Gefallen.
Auch Hamster, Fische und Vögel stehen hoch im Kurs,
doch warum ist die Liebe zu unseren Tieren so groß?
Sie bringen Freude und Abwechslung in unser Leben.
man ist spürbar von Lebendigkeit umgeben.
Ich schreibe aus Erfahrung heute und hier,
denn seit 42 Jahren leben Vögel bei und mit mir.
Es fing damals mit einem Rosenköpfchen an,
welcher von stund` an unsere Herzen gewann.
Ein Wellensittich kam ein paar Wochen darauf
und taute nach einiger Zeit des Schweigens auf.
Sie wurden zahm und wir hatten unsere helle Freude
und Selbige hält bei mir konstant noch heute.
In meinem Wintergarten ist eine Herren WG Zuhaus`,
meine Wellensittiche lassen dort täglich die Sau heraus.
Sie sind wahre Energiebündel fast rund um die Uhr
und mein altes Rosenköpfchen (17 Jahre)
schläft den lieben langen Tag fast nur.
Ich könnte viel öfter bei ihnen verweilen,
ohne zu hetzen und rumzueilen.

Vogelwelt

Von unseren Tieren können wir sehr viel lernen
und geraten dabei immer wieder ins Schwärmen.
Sie sind uns stets treue Begleiter,
ob wir nun traurig sind oder heiter.

Ihr Vertrauen ist groß, wenn wir sie respektvoll achten
und nicht nur als neues Spielzeug betrachten.

Frühlingsbeginn in der Vogelwelt

Der Frühling beginnt mit einem Donnerknall,
wie es sich gehört in jedem Fall.
Mutter Natur erwacht dazu in sattem Grün
und lässt die Bäume traumhaft blühen.
Tulpen, Narzissen und wie sie alle heißen
wollen mit ihren Farben auch nicht geizen.
Doch das sprichwörtliche Tüpfelchen auf dem I,
ist und bleibt die Singvogelgalerie!
Pünktlich zum Frühlingsanfang sind Sie alle wieder da,
aus Italien, Spanien und dem tiefsten Afrika.
Es trällert, säuselt und knirscht nun an allen Ecken,
ob von Dächern, Zäunen oder aus guten Verstecken.
Einige tragen ihr Lied im Sing Flug vor,
die Spatzen tun dies gern im großen Chor.
Es gibt zarte Stimmchen oder winzige Könige gar,
die laut schmetternd ihre Strophen bringen dar.
Auch Mönche sind wieder zu bestaunen
und goldige Hähnchen mit Sommer- und Winterlaunen.
Ab Mai sausen noch kreischend Segler um die Mauern,
doch nur für eine kurze Zeit zu meinem Bedauern.
Sind diese dann endgültig gen Afrika weggeflogen,
hat sich auch der Sommer schon fast verzogen.
Vorbei ist es nun mit den Vogelkonzerten
in Häuserschluchten, Parks und Gärten.

Urlaubs Erlebnisse

Urlaubsvorbereitungen

Wieder beginnt ein neues Jahr mit lautem Knall.
In der Luft schwingen Partylaune und Donnerhall.
Doch mit dem neuen Jahr
beginnt auch schon die Urlaubsplanung.
"Wohin wollen wir denn verreisen?" "Keine Ahnung."
Einer will in die Berge, der nächste an die Küste
oder zum Kamelreiten in die Wüste.
Die Auswahl an Reisezielen ist schier grenzenlos,
denn unser Planet ist wunderschön und riesengroß.
Ist ein Urlaubsort gefunden, fängt der Spaß erste richtig an.
Die heiße Phase der Vorbereitungen tritt auf dem Plan.
Man muss tausend kleine und große Sachen packen
vom Badezeug bis zu dicken Jacken.
Zum Beispiel Schuhe, Strümpfe, Unterwäsche,
Brillen für Sonnenschein und Leseschwäche,
Adressen für Urlaubskarten aus der Ferne,
die bekommt doch schließlich jeder gerne.
Auch mit sollten Kamera, Handy und Co
und ein Jumbo Kosmetikkoffer für Bad und Klo.
Der Inhalt selbiger würde den Rahmen sprengen,
ich mag ihn hier deshalb keinem aufdrängen.
So, die Reise ist gebucht und die Koffer sind voll,
jetzt kann es bald losgehen, toll.
Fehlen nur noch die leckeren Fresspakete,
persönliche Papiere und ein Haufen Knete.

Urlaub

Ein Urlaubsquartier für das Haustier
macht die Sache perfekt.
Nun wird endlich in den Flieger eingecheckt.
Aber auch mit Auto, Bus und Bahn
kommt man über kurz oder lang am Wunschziel an.
Nur per pedes wäre weniger zu empfehlen,
da muss man sich doch ganz schön quälen.
Ist man dann nach aller Mühe angekommen,
kann man genießen die Urlaubswonnen.
Auch eine Kreuzfahrt mit dem Schiff ist schön,
das ist was so richtig zum verwöhn.
Wie und was und wohin
ist doch schließlich ganz egal,
wichtig ist nur die Erholung allemal.
Im nächsten Jahr geht der Spaß dann aufs Neue los
mit suchen, organisieren,
planen und packen - echt famos!

Herbstanfang im Harz

Ich möchte heut' von einem schönen Tag berichten,
indem ich versuche, ihn zu verdichten.
Wir hatten mit dem Familienpass eine Reise gewonnen
und die Fahrt an einem Sonnabend zeitig begonnen.
Die Reise führte uns zum Herbstanfang in den Harz,
doch auf dem Hinweg färbte sich der Himmel schwarz.
Der Regen ließ nicht lange auf sich warten
und uns in eine ungewisse Zukunft starten.
Er hielt sich, Gott sei Dank, nicht lang'.
Dann riß der Himmel auf und die Sonne war dran.
In Thale angekommen ging es mit der Seilbahn rauf,
zum Hexentanzplatz den Berg hinauf.
Die Sonne hielt sich und die Sicht von oben war grandios,
zur Rosstrappe rüber in der Sagen Schoß.
Nach einem Imbiss mit Panoramablick
und ein paar Einkäufen für meinen Frösche Tick
ging es zum Harz Bob geschwind,
um auf Kufen herunter zu sausen, schneller als der Wind.
Jede Fahrt ist Nervenkitzel und Spaß pur.
Wir könnten Bob fahren rund um die Uhr.
Nun ging es mit der Seilbahn runter zum Bus
und zu den Rübeländer Tropfsteinhöhlen, für Urlauber ein Muss.
Es gab die Hermann- und die Baumannhöhle dort,
im Harz an diesem schönen Ort.

Urlaub

Die Baumannhöhle ist an Schönheit kaum zu überbieten,
mit den vielen Stalagmiten und Stalaktiten!
Man taucht ab in ein Meer aus Naturgewalten,
ein Meisterstück voll schöpferischem Gestalten.
Noch ein Kaffee und ab ging es wieder zum Bus.
Die schöne Tour kam langsam zum Schluss.
Nun ging es wieder nach Berlin zurück,
Kilometer um Kilometer, Stück um Stück.
Und schon fing es kräftig zu regnen an,
was hat uns die Sonne doch gutgetan.
In der Dämmerung machten sich traumhafte Nebelbänke breit.
Sie überzogen die Landschaft mit einem zarten, weißen Kleid.
Wir trafen zufrieden und müde zu Hause ein.
Dieser Tag wird uns für immer unvergessen sein.

Dem Jugendkulturverein gebührt unser Dank.
Er ist bei der Gestaltung von Ausflügen
immer eine sichere Bank.

Müritz

Ich möchte unsere Reise an die Müritz verdichten,
um von einer erholsamen Zeit zu berichten.
Ein Urlaub dorthin war schon länger mein Wunsch,
zur schönsten Jahreszeit oder auch im Winter mit Punsch.
Wir machten uns bei strahlendem
Sonnenschein auf die Reise,
Richtung Waren entlang der Fernbahn Gleise.
Nach anstrengender Fahrt mit viel Gepäck
landeten wir dann an diesem herrlichen Fleck,
und wollten so schnell auch nicht mehr weg!
Am Strand angekommen, konnten wir es kaum fassen.
Hier war ein Ort zum Entspannen und Seele baumeln lassen.
Es gab Wasser, soweit das staunende Auge sah,
wunderbar impulsiv und kristallklar.
Die Strapazen der Fahrt waren vergessen im Nu.
Hier gab es nur Wasser, Strand, Möwen und Ruh'.
Die Sonne verwandelte das Wasser in ein Glitzermeer
aus Millionen tanzender Funken ringsumher.
Wir haben die Müritz
auch mit dem Schiff komplett durchfahren
von der Bolter Mühle bis rauf nach Waren.
Das war wirklich schön mit Sonne pur.
Selbige hatten wir in diesem Urlaub fast rund um die Uhr.
Die Fahrt gehörte zur Nationalparktour dazu,
somit verging ein erlebnisreicher Tag im Nu.

Urlaub

Ein Ausflug zur Ostsee stand spontan auf dem Programm.
Schließlich fast um die Ecke, gut zu erreichen mit der Bahn.
Warnemünde hatten wir als Zielort ausgesucht
und schon zuvor die Fahrkarten gebucht.
Nur hatten Tausende andere die gleiche Idee.
Überall stapelten sich deshalb die Menschen, oh je.
Denn Warnemünde ist ein entzückender Ort, ganz famos.
Die Schönheit von Strand und Meer lässt einen nicht mehr los.
In der Ostsee gebadet haben wir natürlich auch.
Das Wasser war gefühlt eiskalt, besonders am Bauch.
Den Wind und die Wellen fanden wir einfach toll,
nur am Strand war es mit Menschen gnadenlos voll.
Wir haben noch viele schöne Dinge unternommen
und sind auch oft in der Müritz geschwommen.
Somit ging ein erholsamer Urlaub
viel zu schnell zu Ende
und das war meine Rück-Blende.

Urlaub

Mit Heidi auf Tuchfühlung

Uns zog es in diesem Jahr wieder in die Berge.
Bei der Ankunft kamen wir uns schon vor,
wie kleine Zwerge.
Denn das Urlaubsziel war die Zugspitzregion.
Die Vorfreude packte uns Monate vorher schon.
So konnten wir es eigentlich auch kaum erwarten,
den Ausflug zur Zugspitze zu starten.
Es ging mit der Gondel 2962 Höhenmeter nach oben,
in schwindelerregende Bergregionen hoch droben.
Die Sonne schien und die Sicht war traumhaft schön.
Bis auf 100 Kilometer konnte man sehen.
Ehrfurcht stellt sich ein vor solchen Naturgewalten,
wer vermag so viel Schönheit zu gestalten.
Man sah Berge, soweit das Auge reicht.
Ihre Spitzen hingen fast in den Wolken, flockig und leicht.
Es lag auch Schnee in einigen Regionen,
doch trotz Wind und Kälte
kann die Alpendohle hier oben wohnen.
Ich konnte mich an alledem nicht satt genug sehen
und bin mir sicher, eines Tages werde ich wieder hier stehen.
Auch die Alpspitze zog uns in ihren Bann.
Man wusste nicht, wo hört das Gebirge auf
und wo fängt der Himmel an.
Die Berge wirkten fast schattengleich,
anmutig, zart und bizarr zugleich.

Urlaub

Fast so, als befände man sich in einer anderen Welt,
voll mystischer Schönheit von allen Lastern freigestellt.
Wir sahen dort auch Kühe auf der Wiese stehen,
mit riesigen Glocken, halt wie auf einer Alm, schön!
Der Wank sollte noch Erwähnung finden,
um nicht aus der Erinnerung zu verschwinden.
Er ist stolze 1800 Meter hoch und kann sich sehen lassen.
Manch anderer Berg mag da vor Neid erblassen.
Man war rundum von Bergen umgeben
und konnte die Schönheit der Natur hautnah erleben.
Wie bei Heidi auf der Alm mit saftigen grünen Wiesen,
konnte man einfach nur den Augenblick genießen.
Auch die Zugspitze haben wir
wunderbar von hier oben gesehen,
so nah, als würde man fast danebenstehen.
Urlaub im Gebirge ist Erholung pur,
nimmt man sich denn genug Zeit und Muße nur.
Man sollte innehalten
und ruhig auch mal die Zeit vergessen.
Das ist bei so viel geballter
Schönheit wohl auch nicht zu vermessen.
So habe ich nun meine Urlaubserinnerungen
niedergeschrieben,
wie sie mir im Gedächtnis sind geblieben.
Sie werden in diesem Gedicht nochmals lebendig
und damit Ende ich.

Havelhöhenweg

Ich habe mal einen Bericht über den Havelhöhenweg gelesen,
war aber bis dato noch niemals dort gewesen.
Spaziergänge am Wasser haben mich schon immer fasziniert,
so war ich an einem Ausflug dorthin sehr interessiert.
Der Weg führt etwa 11,5 Kilometer an der Havel entlang
und endet am Strandbad Wannsee dann.
Es ging aber noch einige Zeit ins Land,
bis sich endlich die passende Gelegenheit fand.
An einem Sonnabend im Mai machte ich mich auf die Socken,
anstatt bei herrlichem Wetter in der Wohnung zu hocken.
Ab der Stößenseebrücke ging der Weg los.
Ich fühlte mich gut und die Vorfreude war groß.
Mein Etappenziel sollte Lindwerder sein,
eine Insel auf halber Strecke, entzückend klein.
Der Weg war für mich in zweierlei Hinsicht wunderbar,
ich fühlte mich der Natur und den Vögeln so nah.
Ihr Gesang weckte in mir Lebensfreude pur
und brachte der Seele eine Erholungskur.
Dazu gesellten sich traumhaft schöne Aussichten und der Duft
von Wasser, Wald, Sonne und frischer Frühlingsluft.
Manche Stellen luden zum Verweilen ein,
mit Blick auf die Havel, was kann da schöner sein!
Die Sonne gab ihre wärmenden Strahlen dazu
und mit Sonne im Herzen verging die Zeit leider im Nu.
Dann tauchte mein Tagesziel, die Insel Lindwerder auf,
dort kam man mit einer Minifähre rauf.
Sie ist auch wirklich nicht riesengroß,
doch ganz beschaulich und die Aussicht grandios.

Urlaub

Direkt am Wasser gibt es ein gemütliches Café
zum Ausruhen und Relaxen bei Kaffee oder Tee.
Ich habe den Frühlingstag am Wasser sehr genossen
und abends bei einem Gläschen Wein begossen.
Nun stand noch die zweite Etappe des Weges an,
die Frage war nur wie und wann?
Im Herbst war es dann endlich wieder soweit,
zur optisch wohl reizvollsten Jahreszeit.
Die Sonne lockte noch mal mit ihrer strahlenden Kraft
und die Natur mit all ihrer Farbenpracht.
Bis Lindwerder ging es mit dem Bus
und von dort an war mit dem Fahren Schluss.
Ab hier bekam der Weg wohl seinen Namen,
für einen ganz besonders schönen Rahmen.
Es ging etwas erhöht jetzt durch den Wald
und die Farbenpracht raubte mir den Atem bald.
Es war ein Mix aus Gelb, Orange und Braun.
Ich kam mir vor wie in einem Traum.
Auch der ganze Waldboden war bedeckt von einem Blättermeer,
so sah ich die Wege manchmal auch etwas schwer.
An Lichtungen tauchte immer wieder die Havel auf,
man hatte tolle Blicke von oben rauf.
Besonders Lindwerder war hübsch anzusehen,
mit den bunten Baumkronen, wie ein Gemälde so schön.
Auch am "großen Fenster" kam ich aus dem Staunen nicht heraus.
Hier gibt es den wohl schönsten Blick auf die Havel, Applaus.
Nun war ich fast am Ende des Weges angekommen
und hatte an positiven Erfahrungen gewonnen.
Ich habe auf dem Havelhöhenweg viel Schönes gesehen
und werde mit vielen Erinnerungen nach Hause gehen!

Zu welcher Jahreszeit auch immer, ist völlig egal.
Ich war dort bestimmt nicht zum letzten Mal!!

Gemischtes

Lieblingsplatz

An einem schönen Herbsttag im Jahr,
als ich mal wieder in Potsdam war,
fand ich einen tollen Platz
und das ist ein echter Schatz.
Seitdem fahr' ich immer wieder hin,
jedes Jahr zum Herbstbeginn.
Wovon ich schreibe hier fürwahr,
das ist doch hoffentlich jetzt klar.
Sanssouci ist nicht gemeint,
obwohl es manchem logisch scheint.
Nein, vom Pfingstberg ist die Rede,
Potsdams schönster Aussicht, alter Schwede!
Hat man ihn erst mal erklommen,
mag man nicht mehr runterkommen.
Die Sicht ist traumhaft von dort oben,
da kann ich die Baumeister nur loben.
Im Herbst explodiert dann die Natur
und schafft Farbenträume pur.
Nun ist es tausendmal so schön,
ich kann mich da nicht satt dran sehen.

Drum fahr' ich immer wieder hin,
jedes Jahr zum Herbstbeginn.

Klassische Musik

Klassik, Klassik, Klassik,
ach wie ist das fein.
Klassik, Klassik, Klassik,
es könnte fast nichts schöner sein.
Ich höre Sie bei Regen
und auch bei Sonnenschein.
Nein, ist das ein Segen,
ich knie mich ganz hinein.
Da gibt es Mozart und auch Strauß,
ich kenn mich sehr gut aus.
Auch Beethoven, Wagner und Bach,
schon bin ich wieder wach.
Nun noch von Händel den Messias,
den spielt man auch beim Rias.
Ich höre Klaviersonaten und Streichquartette,
Mit Fagott, Violine und Klarinette.
Auch Cello, Posaune und Kontrabass
bringen meinen Ohren Spaß!!!
Es gibt noch viele Instrumente an der Zahl,
drum hör ich alle gerne mal.
Ich muss gestehen, Klassik ist mein Leben,
drum habe ich mich Ihr treu ergeben.
Noch ein Wort zum Schluss,
es ist für mich der reinste Genuss!!!

Keine Zeit

Die Zeit ist schon ein komisches Phänomen fürwahr.
Immer fehlt Sie irgendwo, das ist schon klar.
Es gibt ständig alles Mögliche zu tun.
So kommt man selten mal zum Ruh'n.
Da wäre das Beschaffen von Nahrung und Anziehsachen,
schulische Belange und über den Nachwuchs wachen,
Haustiere versorgen und Briefe schreiben,
sowie Haare färben und Körperpflege betreiben.
Es wären noch tausend Kleinigkeiten zu benennen,
so ist man oftmals nur am Rennen,
um Termine für Sportverein und Co einzuhalten
und die noch verbliebene Zeit möglichst sinnvoll zu gestalten.
Kommt man dann am Abend beim Lesen mal zur Ruh',
dauert es meist nicht lange und die Augen fallen zu.
Regelmäßig gibt es am Tunnelende aber auch ein Licht,
dann ist ein arbeitsfreies Wochenende in Sicht!

Jetzt habe ich von der Zeit, die ständig fehlt,
genug erzählt.

Walters Brille

Eine Brille, das weiß jedes Kind,
dient der Sehkraft, setzt man sie auf geschwind.
Die Erfindung ist 'ne Sensation,
seit Ewigkeiten gibt es Sie nun schon.
Ob als Monokel oder ganz modern,
selbst als Kompottschalen trägt sie mancher gern.
Es gibt Brillen zum Lesen und auch für die Ferne
und schon seit 'ner Weile gibt es Gleitsicht für Moderne.
Doch dem Walter ist das alles ganz egal.
Er hatte schon immer zweie an der Zahl.
So kann er besser mal eine vergessen,
um hinterher die Wohnung auszumessen.
Die Verzweiflung steht ihm ins Gesicht geschrieben,
wo ist sie denn nun schon wieder geblieben?
Die eine ab, die andre rauf,
so nimmt das Leben sein Lauf.
Wie beim Wechsel der Gezeiten,
lässt er sie abwechselnd von der Nase gleiten.
So hat der Walter immer was zu tun,
anstatt sich mit nur einer Brille auszuruhen'!
Dann ist die Langeweile unausweichlich,
also sein wir nicht so kleinlich
und lassen ihm den Brillenwahn,
weil unser Walter damit super leben kann!

Fotos

Fotografieren ist ein Hobby und hohe Kunst zugleich,
obwohl man dem Original selten das Wasser reicht.
Der Anspruch ist, es doch annähernd zu erreichen,
solche Perfektion sucht seinesgleichen.
Motive dazu begleiten einen auf Schritt und Tritt.
Als aufmerksamer Beobachter nimmt man sie gern mit.
Vom zarten Blümlein auf der Wiese,
bis hin zu dem majestätischen Bergmassive,
dem bunten Herbstlaub um die Ecke
oder der schluchzenden Nachtigall in der Hecke.
Die Vorlieben sind da doch sehr verschieden,
je nach ganz ureigenem Belieben.
Ich brauche für mich keine Perfektion,
mit reichen die schönen Momente schon,
um sie festzuhalten, auf Papier.
Meine Auswahl ist schon unglaublich schier.
Da wären diverse Fotos aus Urlaubstagen
oder aus allen möglichen Lebenslagen
von der Familie, Freunden bis zu großen Festen,
wie Jugendweihe und Hochzeiten mit vielen Gästen.
Meine Vögel zu Hause haben ein eigenes Album bekommen.
Ich habe viele Schnappschüsse von Ihnen aufgenommen.
Auch mein liebstes Hobby lässt sich gut integrieren.
Ich kann Vögel draußen beobachten und auch fotografieren.
Manche Fotos gelingen wunderbar,
sie werden scharf, ausdrucksstark und klar.

Die Schönsten lasse ich vergrößern dann und wann
und habe somit immer mal meine Freude dran.
Andere wieder schmücken Kalenderseiten,
um so manch einen lieben Menschen durch das Jahr zu begleiten.
So kann ich mit diesem Hobby viel Freude geben und erfahren
und obendrein noch wertvolle Erinnerungen aufbewahren.

Glück

Glück ist oftmals klein und schwer zu fassen,
dennoch sollte man Es nicht am Wegesrand liegen lassen.
Mit liebevollen Gesten kommt das Glück mal daher,
oder einem unerwarteten Lächeln bitte sehr.

Glück ist für mich, noch meine Eltern zu haben,
sich an ihrer Liebe und Weisheit zu laben.
Sie sind für mich da, egal was geschieht,
darum habe ich sie beide auch sehr lieb.

Glück war die Geburt meiner Tochter trotz der Schmerzen.
Ich trage sie für immer wie einen Schatz in meinem Herzen.
Etwas Wertvolleres kann einem nicht gegeben werden,
als neues Leben zu schenken auf Gottes Erden.

Glück ist für mich, tolle Menschen zu kennen
und sie mit Stolz meine Freunde zu nennen.
Ich genieße es immer, wenn wir uns sehen,
um ein paar Stunden gemeinsamen Weges zu gehen.

Glück ist der Frühling mit leuchtendem, saftigem Grün,
der alles auch in unzähligen Farben lässt erblühen.
Ich kann mich da nicht satt genug dran sehen,
es wird wohl vielen ähnlich gehen.

Glück ist für mich, in die Vogelwelt abzutauchen,
ich lasse mich von Ihr immer wieder neu berauschen.
Das Wesen der Vögel, ihr Gesang, ihre Schönheit und Anmut,
geben Lebensfreude, Entspannung und tun der Seele gut!

Glück sind für mich Mauersegler am Himmel oben,
die kreischend vor Freude durch die Lüfte toben.
Man könnte meinen, sie sind reine Energie
und zwingen alles Negative magisch in die Knie.

Glück bedeuten mir auch meine Haustiere daheim,
drei Vögelchen an der Zahl in ihrem trauten Heim.
Es ist die reinste Wonne mitzuerleben,
wie sie sich ihrer Lebensfreude ergeben.

Glück ist der herrliche Duft nach Sonne, Strand und Meer,
darum liebe ich auch Waren Müritz und Usedom so sehr,
einfach mal an der Mole sitzen und die Seele baumeln lassen,
oder die Promenade entlang spazieren locker und gelassen.

Glück war es, einmal auf der Zugspitze zu stehen
und ein gigantisches Plateau aus Bergen zu sehen.
Frei wie ein Vogel fühlt man sich dort
und möchte so schnell nicht wieder fort.

Glück ist eiskaltes Kneippen im Britzer Garten,
eine Runde am Havelhöhenweg starten,
auf dem Pfingstberg den Farbenrausch des Herbstes fotografieren
oder am Grützmacher Graben die Vogelwelt studieren.

Glück ist meine tägliche Kaffeeerholungspause
bei meinen Vögeln, im gemütlichen Korbsessel zu Hause.
Da wird gelesen, geplant, genascht und ausgeruht.
Ab und an rutscht ein Nickerchen dazwischen, auch mal gut.

Glück ist der Mohnkuchen von Bäcker Rentz,
für den ich glatt die Arbeit schwänz`.
Ich habe ihn irgendwann mal für mich entdeckt
und gemerkt, dass er vorzüglich schmeckt!

Glück ist auch aus Brandenburg der Rhabarberwein,
er ist eine Klasse für sich allein!
Sein saurer Geschmack erinnert an meine Kinderzeit
mit dem damals unbeliebten Kompott zur Mittagszeit.

Glück ist seit einiger Zeit Qi Gong in meinem Leben,
um mir innere Ruhe und Entspannung zu geben.
Mit der Lebensenergie zu arbeiten ist dabei das höhere Ziel
und es zu erreichen, bedeutet für Körper, Geist und Seele sehr viel.

Glück ist zu lieben und geliebt zu werden von Eltern, Kindern, Tanten,
Onkels, lieben Menschen, Freunden und Verwandten.

Glück ist auch die hohe Kunst, sich selbst zu lieben,
das macht achtsam, ausgeglichen und zufrieden.
So ist das mit dem Glück in meinem Leben,
ich werde mich ihm weiter voll und ganz ergeben
und Trübsal blasen ist nun ein für alle Mal gestrichen.
Es ist ersatzlos guter Laune und Zuversicht gewichen!

Die Fliege

Eine Fliege wurde in einem Karton,
ausversehen eingesperrt, Pardon!
Eines Tages war sie wieder frei
und japste wie ein Hai.
Benommen flog sie nun davon,
weg von dem Karton.
Schließlich ließ sie sich auf dem Boden nieder
und freute sich ihres Lebens wieder.
Doch die Freude war nur von kurzer Dauer,
denn ihr Mörder lag schon auf der Lauer.
Wie sie zu Tode kam, ist unbekannt.
Vielleicht wurde sie ja umgerannt.
Jetzt fliegt sie nie wieder eine Biege,
die arme Fliege!

Hobbys

Irgendein Hobby hat wohl jeder auch,
ob aus purer Lust oder weil man einfach eines braucht.
Es gibt sie mannigfach, für jeden passgenau,
von manchen wird man sogar blau.
Ich werde hier mal die Besten erwähnen
und ein wenig unter die Lupe nehmen.

Fangen wir mit dem Sammler an,
er sammelt alles, was man nur sammeln kann.
Glas, Keramik, Schmuck, Figuren aller Art
hat ein Sammler in rauen Mengen doch parat.
Er wird das Sammeln niemals lassen
und sammelt weiter Autos, Bären, Sammeltassen ...

Der Baumarkt Freund ist in Deutschland sehr beliebt,
der regelmäßig mit großen Wagen
durch den Baumarkt schiebt.
Denn es gibt immer was zu tun, das ist doch toll,
so sind die Baumärkte auch immer voll.
Zu Hause wird dann gehämmert, geschraubt und gesägt
und nebenbei noch eben mal der Boden neu verlegt.
Damit sind wir schon beim Bastler angekommen
und haben einen Einblick auch in sein Hobby gewonnen.

Hobbys sind ein echter Segen,
egal ob bei Sonne oder Regen.

Die Kleingärtner sollten nicht unerwähnt bleiben,
die sich in ihren Gärten die Zeit vertreiben.
Sie pflanzen, sähen, graben um
und buckeln sich oftmals ganz krumm.
Doch der Mühe Arbeit wird oft reich belohnt,
weil bei vielen der grüne Daumen wohnt.
Es grünt und blüht es zu fast allen Jahreszeiten
und kann dem Kleingärtner viel Freude bereiten.
Abends stehen schon Grill und Bierchen bereit
und vieles mehr für eine entspannte Zeit.

Dann gibt es da noch die Biertrinkerfraktion,
sie haben ihren eigenen Garten schon!
Die Biergärten sind im Sommer gut besucht
und bei Spitzenwetter sogar fast ausgebucht.
Da sitzt der Biertrinker dann in lustiger Runde,
mit vielen Gleichgesinnten im Bunde.
Biertrinken ist ein echter Volkssport geworden,
vom bergigen Süden bis in den hohen Norden.

Hobbys sind ein echter Segen,
egal ob bei Sonne oder Regen.

Der Angler dagegen liebt die Stille pur
und lebt im Einklang mit der Natur.
Der Stress des Alltags bleibt daheim zurück.
Das ist wohl des Anglers geheimes Glück!
Er kann so stundenlang am Wasser verweilen
ohne Hektik und ohne Eilen.

Die Morgenpost ist da anders, sehr speziell
und mit dem Mundwerk oft blitzschnell.
Denn die zügige Datenübertragung ist lebenswichtig,
ob selbige nun falsch sind oder richtig!
Tratschen kann man schließlich über alles und jeden
und vor allem ausgiebig und intensiv darüber reden.

Hobbys sind ein echter Segen,
egal ob bei Sonne oder Regen.

Die Jäger mit der Kamera sind ganzjährig präsent,
welche man auch gut an ihrem Zubehör erkennt.
Der Hobbyfotograf hält alles bildlich fest,
was sich nur irgend fotografieren lässt,
für die Erinnerungsdatenbank
im heimischen Wohnzimmerschrank.
Der Maler dagegen hält seine Eindrücke auf Leinwand fest
und manches sich dann käuflich erwerben lässt.
Die Leser sind noch sehr interessant,
auch unter dem Namen "Leseratte" bekannt.
Gelesen wird fast alles immer und überall.
Manche Hobbyleser lesen schneller als der Schall.
Das Spektrum an Themen ist schier unendlich lang.
Das spornt erst recht zum Lesen an.

Hobbys sind ein echter Segen,
egal ob bei Sonne oder Regen.

Den Wanderer sollte man hier noch benennen
und den Hobbyornithologen,
er kann viele Vogelstimmen erkennen.
Wieder andere haben Musik zu ihrem Hobby gemacht
und sind manchmal über Nacht berühmt aufgewacht.

Auch Kartenspiele aller Art
haben viele als Hobby sofort parat.
Ob Skat, Poker oder auch Mau, Mau,
Kartenspielen macht Spaß und obendrein noch schlau.

Es könnte noch lange so weitergehen,
doch würde das den Rahmen sprengen,
ist wohl nicht zu übersehen!
Ich muss gestehen, einige Hobbys sind mir nicht fremd
und für manche gäbe ich sogar mein letztes Hemd.
Sie zieren schon Vitrinen und Anbauwände
und nehmen niemals nie ein

ENDE.

Die Erdbeere

Es gibt eine Frucht auf Erden,
die es besonders verdient, erwähnt zu werden.
Etwas Schmackhafteres gibt es für mich nicht
und deshalb schreibe ich dieses Gedicht.
Worum es geht, das will ich Euch nun sagen,
die Spannung ist ja kaum noch zu ertragen.
Von der Erdbeere soll hier die Rede sein,
klein, rot, zuckersüß und fein!
Erdbeeren essen ist die reinste Vitaminbombenkur.
So viel geballte Power findet man in wenigen Obstsorten nur.
Vor allem Vitamin C ist reichlich mit von der Partie
und zwingt so manches Wehwehchen in die Knie.
Man bekommt sie genau zur Sommerzeit,
im Juni / Juli ist es immer soweit.
Stehen dann die ersten Erdbeerhäuschen hier und da
vom Erdbeerhof, so ist es wahr.
Die wohl schönste Zeit im Jahr beginnt
wie ein frischer Sommerwind.
Ich bin dann als Stammkunde schon stadtbekannt
und habe einen Lieblingsstand.
Auch komme ich selten daran vorbei,
an der süßen Erdbeerleckerei.
Ich könnte sie essen rund um die Uhr,
am liebsten nur gezuckert und pur.
Marmelade stelle ich natürlich auch von ihnen her,
so schmeckt das Brötchen jedes Mal nach mehr!
Der Duft der Erdbeere ist mit nichts zu vergleichen
und kann ihren feinen Geschmack nur noch unterstreichen.
Das war das Gedicht von meiner Lieblingsfrucht,
oder einer zuckersüßen, leckeren Sucht!

Abschied

Viele Jahre kennen wir dich nun schon,
standest mit uns zusammen in Brot und Lohn.
Wir haben gequatscht, gelacht, auch mal geweint
und dann gehofft, dass bald die Sonne wieder scheint.
Nun heißt es leider Abschied nehmen, liebe Barbara,
denn dein wohlverdientes Rentnerleben ist greifbar nah.
Jetzt hast du endlich mehr Zeit zum Stricken, lesen, malen,
stundenlange Kaffeekränzchen und in der Sonne aalen…!

Du hast für all das Schöne viel, viel Zeit,
kein Hetzen und Rennen mehr weit und breit.
Wir werden dich hier sehr vermissen,
kannst du uns glauben.
Das soll dir aber nicht die Freude
auf den Ruhestand rauben.
So wünschen wir nun alles Gute dir
mit dieser Karte heut` und hier.

FSC
www.fsc.org
MIX
Papier | Fördert
gute Waldnutzung
FSC® C083411

Zeitfracht Medien GmbH
Ferdinand-Jühlke-Straße 7
99095 Erfurt, Deutschland
produktsicherheit@kolibri360.de